AREOPAGÍTICA

Engraved by W. Humphreys, from a Print by Faithorne.

Cum sole, et Lunâ semper Aratus erit

Jo: Milton

1631

JOHN MILTON

AREOPAGÍTICA

Discurso pela liberdade de imprensa ao Parlamento da Inglaterra

Prefácio e edição
Felipe Fortuna

Tradução e notas
Raul de Sá Barbosa

TOPBOOKS

Ano Internacional da Liberdade de Imprensa

Composição e fotolitos
Art Line Produções Gráficas Ltda.

Revisão
Felipe Fortuna

Capa
Victor Burton

TOPBOOKS EDITORA E DISTRIBUIDORA DE LIVROS LTDA.
Rua Visconde de Inhaúma, 58 / gr. 203 — Rio de Janeiro — RJ
CEP 20091-000 Tel.: (021) 233-8718 e 283-1039
topbooks@unikey.com.br

Impresso no Brasil

SUMÁRIO

◊◊◊

NOTA EXPLICATIVA

◊◊◊

O texto inglês utilizado nesta edição da *Areopagítica* reproduz o estabelecido por John W. Hales em 1875, tal como concebido e lido por John Milton em 1644. O leitor terá acesso, assim, aos aspectos estilísticos peculiares da época, bem como aos meandros retóricos de que se vale o orador para tentar convencer a Suprema Corte do Parlamento inglês da justiça de seus argumentos contra a censura da imprensa.

Tanto quanto possível, a tradução do discurso de John Milton buscou transmitir as construções elaboradas das sentenças, ainda quando muito longas e eventualmente confusas. O uso de maiúsculas, no texto original, nem sempre demonstra coerência. Na tradução para a língua portuguesa, optou-se por um princípio normativo que eliminou o uso de maiúsculas em diversas palavras, a exemplo de *Country, Truth, Wisdom,* ou então em adjetivos, epítetos e epônimos. Outras maiúsculas foram mantidas, a exemplo de *Church, Reformation, God.* O uso do grifo ou itálico, no texto em inglês, nem sempre se justifica — e, em muitos casos, a tradução ignorou-o.

F.F.

AREOPAGITICA;

A

SPEECH

OF

Mr. JOHN MILTON

For the Liberty of Vnlicenc'd PRINTING,

To the Parlament of ENGLAND.

Τοὐλεύθερον δ' ἐκεῖνο, εἴ τις θέλει πόλει
Χρηστόν τι βούλευμ' εἰς μέσον φέρειν, ἔχων.
Καὶ ταῦθ' ὁ χρῄζων, λαμπρὸς ἔσθ', ὁ μὴ θέλων,
Σιγᾷ, τί τούτων ἐστὶν ἰσαίτερον πόλει;

Euripid. Hicetid.

This is true Liberty when free born men
Having to advise the public may speak free,
Which he who can, and will, deserv's high praise,
Who neither can nor will, may hold his peace;
What can be juster in a State then this?

Euripid. Hicetid.

LONDON,
Printed in the Yeare, 1644.

Folha de rosto da 1ª edição

JOHN MILTON
E A LIBERDADE DE IMPRENSA

◊◊◊

Felipe Fortuna

1. O surgimento da *Areopagitica* está vinculado a um drama pessoal de John Milton (1608-1674). Casando-se em 1642 com Mary Powell, que na época tinha 17 anos, ou seja, metade da idade de seu marido já famoso, Milton assistirá perplexo à fuga de sua mulher para a casa dos pais, em Oxford. Foram em vão as cartas que enviava a ela, exigindo o seu retorno: a moça só estaria reunida ao seu marido, em Londres, dali a três anos. Humilhado e severamente ferido em seu orgulho, o poeta inglês começou a compor um dos documentos mais modernos sobre um direito essencial das pessoas — não a *Areopagitica*, mas sim *The Doctrine and Discipline of Divorce* (1643). Incapaz de resolver a contento os seus problemas domésticos, o recém-casado John Milton defendeu com vigor a idéia de que a incompatibilidade de temperamentos entre homem e mulher é o maior obstáculo à continuidade do vínculo matrimonial. Para ele, o casamento é primordialmente uma união espiritual, não sendo admissível, portanto, que o divórcio fosse exigido

somente em casos de comprovado adultério, provocado por uma falta de reles natureza "física".

A defesa do divórcio provocou reações no Parlamento inglês, que estimou mais do que adequado dar continuidade à idéia de restaurar a censura prévia aos livros, decisão que fora abandonada em 1641 por haver sido considerada ilegal e tirânica. Em 14 de junho de 1643, no mesmo ano em que John Milton publicou a edição aumentada do seu tratado sobre o divórcio, foi promulgada uma "Parliamentary Ordinance for Printing", que visava livros difamatórios à religião e ao

John Milton (1608-1674) em torno dos 20 anos

governo. Preocupadíssimo com o efeito que uma lei contra a liberdade de pensamento e de imprensa poderia ter na mão de seus inimigos, sobretudo presbiterianos, o puritano John Milton se opôs duramente à Ordenação de 1643 e ao ataque desferido contra as suas idéias sobre a dissolução da vida conjugal. As restrições, como previa ele, continuariam: em 13 de agosto de 1644, tendo tomado conhecimento das idéias do poeta sobre divórcio, o líder da Assembléia, Herbert Palmer, em plena sessão conjunta do Parlamento e da Assembléia de Westminster (esta composta basicamente de religiosos), exigiu que a edição do "livro perverso" de John Milton fosse queimada. Dias depois, a Câmara dos Comuns instruiu o Comitê de Imprensa a iniciar diligências para proibir autores, impressores e editores que viessem a publicar livros contra a imortalidade da alma e sobre o divórcio.[1] Foi nesse contexto que John Milton escreveu o seu "discurso pela liberdade de imprensa ao Parlamento da Inglaterra".

Publicada em novembro de 1644, *Areopagítica* está marcada por uma batalha parlamentar. Na época, os presbiterianos tentavam impor a sua orientação no tratamento das questões políticas e religiosas, o que acabou provocando intensas discussões sobre o tema da tolerância. A maioria dos puritanos, dentre os quais John Milton, mostrava-se favorável ao estabelecimento de

[1] Cf. Keith W. Stavely, *The Politics of Milton's Prose Style* (London: Yale University Press, 1975), p.66

uma ordem nacional presbiteriana que substituísse o Episcopado. A questão polêmica era saber se deveria haver autonomia da Igreja em relação ao controle parlamentar. Para John Milton, o elogio da liberdade de imprensa significava não apenas a valorização do exercício livre da atividade intelectual, mas também um ataque aos presbiterianos que, assim, viam questionados os princípios do pensamento calvinista e o poder que haviam alcançado no Parlamento. No seu panfleto, o escritor inglês não explorou suficientemente o problema da tolerância, preferindo calar-se sobre o poder que o magistrado ou a autoridade civil deveriam ter sobre a religião. John Milton, assim, deixou de lado a questão do relacionamento entre Igreja e Estado, ainda que esta constituísse um aspecto crucial do assunto que muitos outros pensadores examinaram — e se concentrou no tema da iniqüidade da censura prévia. Com o avanço gradual dos presbiterianos no Parlamento, o orador passou a se alinhar cada vez mais com a minoria dos independentes, ou congregacionalistas, que se opunham à uniformização das congregações religiosas. A defesa da liberdade de expressão, no entanto, não constituía uma novidade no pensamento de John Milton: já em *Reason of Church Government* (1641), ele definia aquela liberdade como "the best treasure of a good old age".[2]

Com *Areopagítica*, portanto, o objetivo de John Milton é obter da Assembléia, majoritariamente presbiteria-

[2] Cf. James Holly Hanford, *A Milton Handbook* (London: G. Bell and Sons, 1927), p.74

na, a anulação da "Ordinance" de 1643, que impôs a censura prévia na forma da obrigatoriedade de autorização e registro para publicação de qualquer material escrito.[3]

O título do panfleto faz referência explícita ao *Areopagiticus* do orador ateniense Isócrates (escrito provavelmente em 355 a.C.). Ironicamente, Isócrates denuncia em seu discurso político o excesso de liberdade usufruído pelos cidadãos de Atenas e prega o retorno a uma democracia em que só poderiam ser eleitos os cidadãos mais qualificados, o que acabaria constituindo uma aristocracia. O orador pedia, enfim, que fosse restaurado o Conselho do Areópago, que no passado exercera poderes ilimitados de guardião das leis, supervisor da educação dos jovens, entre outros. Em seu discurso, porém, John Milton fala *para* o seu areópago, criticando uma decisão; Isócrates, por sua vez, fala *sobre* o areópago, e pede a sua reforma. Em síntese, Isócrates buscava a restauração de uma antiga ordem. A influência da cultura grega na *Areopagítica*, discurso que se abre com a citação de um trecho de Eurípides, é indicativa do caráter humanista e secular das preocupações políticas de John Milton. Sua defesa da liberdade supõe a preocupação com os valores transmitidos pela cultura clássica; e, enfim, com a possibilidade de que outras sociedades, descuidadas de alguns princípios, também viessem

[3] Em conferência apresentada em março de 1995 na Yale Law School, Vincent Blasi informa que existiam "quatro censores para averiguar livros de Direito, três para livros de Filosofia e História, e um para 'Matemáticas, Almanaques e Prognósticos'". "Milton's *Areopagitica* and The First Amendment", localizado em http://www.yale.edu/lawweb/lawschool/occpaper/blasi.htm, p.2.

a se extinguir. Mas é necessário reconhecer que, em muitos momentos, o orador inglês, que escrevia em grego e latim, prejudicava a sua sintaxe e o seu estilo, tornando as sentenças longas, confusas e obscuras; ou então criava distorções deliberadas ou referências ambíguas na defesa de seus argumentos.[4] Como se estivesse diante da Assembléia Geral de Atenas, John Milton, em seu discurso fundamentado no *lógos areopagitikós*, conclamou o Parlamento inglês a não reduzir o seu poder com base numa Ordenação que previa a censura prévia.

Página de rosto da edição dos *Poemas* (1645)

[4] "Areopagiticus", em *Isocrates* (traduzido por George Norlin), Volume II (London: Harvard University Press, 1992), p.99-157. Uma leitura crítica do texto grego é feita por Paul M. Dowling, *Polite Wisdom – Heathen Rhetoric in Milton's Areopagitica* (London: Rowaman and Littlefield, 1995), p.3-8. Dowling defende que John Milton valia-se com habilidade das suas fontes históricas, citando-as, nem sempre com exatidão, para corroborar seus argumentos.

O principal objetivo da *Areopagítica*, como define seu autor, é a defesa da total liberdade de imprensa, a fim de tornar possível o maior avanço do conhecimento e da verdade. Desde a sua publicação, o panfleto tem sido exaltado como o texto mais radical sobre a inutilidade da censura, a defesa apaixonada da circulação de todas as idéias e a necessidade da tolerância religiosa. Comumente descrito como a maior obra em prosa de John Milton e um dos mais importantes documentos da história da liberdade, *Areopagítica* está marcada pela intensidade do idealismo político de seu autor. Os argumentos da *Areopagítica* estão estruturados em quatro partes:

1) Demonstração histórica de que a censura é um produto da Inquisição católica e, como tal, contrária ao pensamento da Inglaterra protestante. A censura, como demonstra o autor, esteve sempre associada à tirania e, nos tempos modernos, ao reacionarismo católico do Concílio de Trento;

2) Afirmação de que o bem e o mal estão inextricavelmente ligados, não sendo possível, portanto, coibir apenas um deles sem atingir profundamente o outro. Faz-se uma defesa do benefício da liberdade de imprensa, uma vez que o conhecimento e a verdade surgem do contato com o que existe de bom e de mau nos livros, cabendo ao leitor buscar o que neles mais lhe agradar. Mesmo autores ímpios, argumenta, tinham sido lidos com proveito por apóstolos e teólogos, ao longo do tempo;

> *Good and evill we know in the field of this World grow up together almost inseparably; and the knowledge of good is so involv'd and interwoven with the knowledge of evill, and in so many cunning resemblances hardly to be discern'd, that those confused seeds, which were impos'd on* Psyche *as an incessant labour to cull out and sort asunder, were not more intermixt.(...)If we think to regulat Printing, thereby to rectifie manners, we must regulat all recreations and pastimes, all that is delightful to man.*[5]

3) Condenação da censura prévia de qualquer livro, em nome da razão e da liberdade, fundadoras da virtude. Salienta-se o aspecto da inutilidade da censura, uma vez que os maus livros são verdadeiramente combatidos quando suas idéias ficam expostas, e não quando permanecem ignoradas. A censura, esclarece, jamais conseguirá ser completa ou eficiente. O retrato grotesco dos censores é insuperável na sua ironia e, como almejava o orador, no poder dissuasivo;

> *Truth is compar'd in Scripture to a streaming fountain; if her waters flow not in perpetuall progression, they sick'n into a muddy pool of conformity and tradition. A man may be herectick in the truth; and if he beleeve things only because his Pastor says so, (...) though his belief be true, yet the very truth he holds becomes his heresie.(...) For who knows not that Truth is strong next to the Almighty? She needs no policies, nor stratagems, nor*

[5] John Milton, *Areopagitica* (London: Oxford University Press, 1961), p.17-18 e 23-24. Nas citações do panfleto, utilizo a edição de John W. Hales, originalmente publicada em 1875, e ainda considerada como a que melhor estabeleceu o texto miltoniano.

licensings to make her victorious; those are the shifts and the defences that error uses against her power. (p.38-39 e 52)

4) Demonstração de que é impossível tornar as pessoas virtuosas pela coerção externa, já que o combate à corrupção moral se faz com o poder da escolha racional. A censura impede que se exerça a faculdade do juízo e da escolha. John Milton especula sobre os efeitos da censura: desestimular todo tipo de estudo, humilhar a nação, criar um ambiente de perene estupidez. Os próprios presbiterianos já teriam amargado a censura, em tempos passados, e não deveriam permitir o retorno a uma situação tão indesejável.

O mais admirável, na leitura dos argumentos de John Milton, é o uso de um vasto conhecimento, tanto religioso quanto secular, que tem por finalidade a comprovação racional de que a proibição da imprensa revela-se um monstruoso equívoco. Embora religioso, o escritor não cita apenas numerosas passagens da *Bíblia*: conjuga-as ao seu domínio do grego e do latim, tornando ainda mais duradoura a sua invectiva contra a censura. Resulta daí a lucidez de seus comentários sobre a presença do bem e do mal nas sociedades e nos livros, a inevitabilidade da escolha, os limites do poder estatal em questões de conduta privada, e o efeito da coerção nas mentes criativas, entre outros assuntos tão ou mais empolgantes.

Prevendo as dificuldades que a Ordenação proposta pelos presbiterianos poderia representar para os puritanos, John Milton mostra-se brilhante na exposição das contradições em que o Parlamento inglês incorreria caso ratificasse aquelas idéias. Ao comentar a ineficiência e inutilidade da censura, bem como a falsa noção de infalibilidade do censor, a ironia miltoniana atinge seu máximo valor, uma vez que *Areopagítica* foi publicada em desafio à lei, ou seja, sem qualquer tipo de licença prévia. Por fim, ataca a Ordenação como um desestímulo para a atividade intelectual e uma barreira para a busca da verdade. O panfleto expõe, subliminarmente, uma doutrina do livre arbítrio e repudia a predestinação tal como defendida pelos presbiterianos. Ficou famoso o trecho que resume o ideal de liberdade:

> *Give me the liberty to know, to utter and to argue freely according to conscience, above all liberties.* (p.50)

Obviamente, é preciso reconhecer que *Areopagítica* é um manifesto da Revolução puritana. John Milton tinha consciência de que a imposição da censura defendida pelos presbiterianos poderia restringir a atuação do seu grupo na vida política e religiosa da Inglaterra. É possível, assim, considerar seu panfleto como um "manifesto partidário", no qual a defesa da liberdade vem ao encontro das necessidades imediatas dos puritanos; nele, John Milton dirige-se à Suprema Corte do Parla-

mento, mas também à Assembléia de Westminster e ao Exército, e seu principal objetivo é o retorno à situação anterior à Ordenação de 1643. Por isso tem razão Charles R. Geisst quando afirma que *Areopagítica* não é tanto uma declaração do processo social, mas sim um alerta para que a famigerada Ordenação seja revogada.[6] John Milton está interessado na crítica à circulação de doutrinas católicas e no exame das "neighboring differences" entre as seitas protestantes. Para o bem ou para o mal, contudo, as idéias libertárias da *Areopagítica* chegaram até o leitor moderno completamente secularizadas; e John Milton, por isso, é interpretado como o supra-sumo da tradição Whig — racionalista e individualista. Poucos se lembram de que o debate que estava sendo desenvolvido quando se rebelou contra a "Parliamentary Ordinance for Printing" tinha relação com a interpretação do conceito mesmo do Cristo.

Entendido como defesa de uma posição política, não deve causar espanto ao leitor da *Areopagítica,* por exemplo, a falta de tolerância de John Milton para com o catolicismo papista.

> *and open superstition, which as it extirpats all religions and civill supremacies, so it self should be extirpat, (...)* (p. 54)

Alguns exegetas encontram nessa passagem a comprovação de que a "Homily", como se referiu John Mil-

[6] Charles R. Geisst, *The Political Thought of John Milton* (London: Macmillan, 1984), p. 97.

ton, é mera peça retórica, na qual os princípios de racionalidade são mencionados apenas com o propósito de legitimar um programa, sem que exista qualquer defesa sincera da liberdade. No entanto, John Milton está sendo coerente com seu argumento: foi a relação estabelecida entre a censura e o papismo, ilustrada sobretudo pela Inquisição, que o levou a considerar os católicos como indivíduos que, por não tolerarem as demais religiões, não poderiam ser tolerados... Os católicos não são tolerados por razões de Estado, segundo uma fórmula tipicamente protestante. Aqui se encontra, enfim, o ponto mais atacável da *Areopagítica*, em que John Milton se mostra sectário defensor de princípios partidários e ideólogo bastante inferior aos panfletários de sua época, como Richard Overton, John Robinson, Henry Marten, entre alguns outros que defenderam um conceito ainda mais amplo de tolerância religiosa.

Ao longo de sua vida, porém, John Milton jamais tolerou os católicos: repudiava-os por não considerá-los representantes de uma religião, uma vez que a idolatria se opunha à letra das Escrituras. Don M. Wolfe observa que a ausência de tolerância em relação ao catolicismo, por razões de Estado, constituía o principal argumento contra a seita. Em meio a argumentos teológicos, John Milton referiu-se jocosamente, por diversas vezes, a encontros secretos de autoridades católicas na Basílica de São Pedro, e ao Papa como uma espécie de Anticristo. Mesmo na obra em que mais apela para a tolerância,

Of Civil Power in Ecclesiastical Causes (1659), o escritor insiste na impossibilidade de tolerar aquele grupo religioso. Num dos seus últimos panfletos, *Of True Religion, Heresy, Schism, Toleration* (1673), John Milton volta a fustigar o Papa e seus representantes.[7]

As imperfeições estilísticas e lógicas da *Areopagítica* não conseguem atenuar, no entanto, a força crescente de um trecho em que os livros são igualados a seres vivos:

> *For Books are not absolutely dead things, but doe contain a potencie of life in them to be as active as that soule was whose progeny they are; nay, they do preserve as in a violl the purest efficacie and extraction of that living intellect that bred them. I know they are as lively, and as vigorously productive, as those fabulous Dragons teeth; and being sown up and down, may chance to spring up armed men. And yet, on the other hand, unlesse wariness be us'd, as good almost kill a Man as kill a good Book; who kills a Man kills a reasonable creature, Gods Image; but hee who destroyes a good Booke, kills reason itself, kills the Image of God as it were in the eye. Many a man lives a burden to the Earth; but a good Booke is the pretious life-blood of a master spirit, imbalm'd and treasur'd up on purpose to a life beyond life.* (p.5-6)

Há um ponto, porém, que não deve ser esquecido: John Milton se opunha à censura prévia, mas nada tinha contra a censura posterior de qualquer publica-

7 A discussão sobre a intolerância de John Milton e seu horror ao papismo está bem documentada em Don M. Wolfe, *Milton in the Puritan Revolution* (London: Cohen and West, 1963), p.111-115. Este livro, juntamente com o clássico de Arthur E. Barker, *Milton and the Puritan Dilemma – 1641-1660* (1942), constituem os dois melhores guias para a compreensão do conjunto das idéias religiosas e políticas à época de John Milton.

ção. Na conclusão da *Areopagítica,* sua posição é inconfundível, pois os livros podem ser queimados e destruídos posteriormente caso

> *be found mischievous and libellous.* (p.57)

As restrições de John Milton à liberdade e à tolerância religiosa são duramente criticadas por uma nova geração de estudiosos, como Perez Zagorin e John Illo, este último chegando mesmo a lamentar que os comentários sobre o panfleto relutem em perceber que este não é nem liberal nem libertário.[8] Francis Barker, numa análise recente em que examina as relações de poder segundo o modelo foucauldiano, não reconhece no escritor inglês o papel libertário que muitos lhe atribuem e insiste que não se deve perceber *Areopagítica* como um documento clássico do liberalismo, que nem mesmo consegue estipular a eliminação total da censura. John Milton, para ele, seria o representante de uma recém-concebida subjetividade ao apresentar o texto de um novo poder, apesar de sua retórica agonística da liberdade.[9]

Por fim, nunca é demais lembrar que John Milton exerceu, ele mesmo, uma forma discreta de censura ao aceitar, em 1651, a função de supervisor do jornal *Mercurius Politicus.* É comum encontrar interpretações díspares da atividade que John Milton manteve durante

[8] Cf. Perez Zagorin, *Milton – Aristocrat and Rebel* (New York: D.S. Brewer, 1992), p.53-56.

[9] Cf. "*Areopagitica*: Subjectivity and the Moment of Censorship", in Annabel Patterson, (Org.), *John Milton* (London: Longman, 1992), p. 65-73.

menos de um ano naquele jornal. Para Douglas Bush, as funções do poeta inglês se limitavam às atualmente exercidas por um editor geral ou secretário de redação.[10] O fato é que John Milton, como "Licenser of the Press", exercia a supervisão de textos publicados naquele jornal, que certamente deveriam receber o seu *nihil obstat.* Na introdução à *Areopagítica,* Hales esclarece que a função do escritor era "reportar sobre textos e panfletos após terem sido publicados", não autorizá-los ou proibi-los.

A luta política e religiosa pelo poder expôs John Milton a diversas possíveis contradições, em especial a já comentada mensagem de intolerância para com os católicos. Mas, de uma vez por todas, não se deve tentar *secularizar* John Milton, uma vez que a convicção

O autor por William Faithorne

[10] Douglas Bush, *John Milton* (London: Weidenfeld and Nicolson, 1965), p.111.

religiosa era central ao seu pensamento e ao de sua audiência. O poema *Paradise Lost* (1667) é uma longa especulação visionária sobre o tema bíblico da expulsão do Paraíso em que também é possível ler o pessimismo de John Milton em face do declínio do credo puritano: o sofrimento humano pela perda da Graça, dramatizado naquele poema, teria por equivalente o erro pelo desprezo à Razão, exposto na *Areopagítica*.

De fato, tanto como parlamentar quanto como poeta, Jonh Milton atuou decisivamente na discussão sobre o conceito de liberdade, o qual está fundamentado nas lutas religiosas do século XVII. *Areopagítica* revela a consciência de seu autor em relação aos avanços até ali conseguidos na política interna da Inglaterra. Seus contatos com intelectuais e autoridades italianas, por exemplo, lhe deram prova de quanto o ideal inglês de liberdade já era estimado fora da ilha, o que o induziu a fazer um elogio algo nacionalista aos ingleses, que seriam

> *even famous and formost in the achievements of liberty, (...)* (p.12)

Apesar da força argumentativa da *Areopagítica,* a censura prévia aos livros na Inglaterra só foi abolida em 1694, ou seja, 50 anos depois de publicada a obra-prima em prosa de John Milton e 20 anos após a morte de seu autor. O efeito das palavras do poeta, na época, foi nulo: seus apelos não sensibilizaram os defensores da censura prévia nem os intolerantes religiosos. Parte da explicação para a quase nenhuma receptividade das idéias de John

Milton encontra-se no tipo de liberdade defendida por ele — uma liberdade qualificada e, de resto, proposta para uma elite intelectual. O título do panfleto demonstraria, por si só, a pouca importância que o escritor dava à difusão dos seus argumentos fora do círculo político. Arthur Barker concorda com a tradição crítica de considerar que Roger Williams, da Nova Inglaterra, apresentou argumentos bem mais extremos sobre a completa liberdade de consciência e a separação definitiva entre Estado e Igreja no mesmo ano de 1644, em seu panfleto *The Bloody Tenent of Persecution*. O ideal de liberdade proposto na *Areopagítica*, contudo, além de estar presente, passado meio século, na revogação da "Ordinance", também serviu a uma linhagem fundamental de defensores da liberdade, tais como Jeremy Taylor em *Liberty of Prophesying* (1647), John Locke em *Letters on Toleration* (1692), Mirabeau em seu panfleto *Sur la Liberté de la Presse*, de 1788, e John Stuart Mill em *Liberty* (1859). Recorde-se que Mirabeau foi o tradutor entusiasmado do discurso de John Milton, que teve impacto no debate francês sobre as liberdades civis mantido pelos filósofos do Iluminismo, retirando a ênfase nas discussões antiprelatícias e antimonárquicas.

Uma das características da defesa da liberdade de imprensa é o valor atribuído por John Milton à liberdade individual. Don Wolfe lembra que John Milton também especulou sobre a liberdade em seu sentido mais lato, qual seja, a do cidadão que reflete sobre problemas no casamento, na educação, na economia, na política e

na filosofia.[11] Essa característica humanista, que deu à liberdade de expressão a sua dimensão mais terrena, é uma das explicações da perenidade do panfleto. O seu apelo à razão, como busca da consciência e da liberdade individual, constitui guia permanente na argumentação sobre o tema da inutilidade de proibir livros e idéias.

2. O tema da intolerância religiosa e da liberdade de pensamento foi mundialmente debatido por ocasião da condenação à morte, pelo Aiatolá Khomeini, do escritor Salman Rushdie, que escreveu o livro *The Satanic Verses*. A partir de 14 de fevereiro de 1989, pouco mais de trezentos anos depois de John Milton haver recebido o ataque de Herbert Palmer, o escritor indo-britânico passou a viver em estado de reclusão, protegido por autoridades policiais contra a pena de morte que lhe foi imposta. O anátema lançado contra o escritor pelas autoridades religiosas do Irã foi tão violento e extenso que eliminou até mesmo a possibilidade do exílio.

The Satanic Verses, como escreve o próprio Salman Rushdie no artigo "In Good Faith", foi considerado e tratado como um panfleto anti-religioso, um livro equivocado de história, produto de uma conspiração internacional capitalista que envolveria judeus, e assim por diante. A condenação de Rushdie demonstrou que a fundamentação teológica baseava-se simplesmente numa atitude política do Governo iraniano, pressionado por grupos ex-

[11] Cf. *Op. cit.*, p. 128.

tremistas. Para o acusado, foi atingido um princípio de liberdade de expressão e, ao mesmo tempo, divulgada uma interpretação equivocada de sua obra de ficção:

> *Como é conquistada a liberdade? Ela é tomada: nunca é dada. Para ser livre, deve-se primeiro assumir o seu direito à liberdade. Ao escrever* The Satanic Verses, *havia assumido que eu era, e sou, um homem livre.*
>
> *O que é liberdade de expressão? Sem a liberdade para ofender, aquela deixa de existir. Sem a liberdade para desafiar, mesmo para satirizar todas as ortodoxias, incluindo ortodoxias religiosas, aquela deixa de existir.(...)*
>
> *Eu sou um homem urbano moderno e modernista, aceitando a incerteza como a única constante, a mudança como a única coisa segura. Não acredito em deus, e tenho agido assim desde jovem adolescente.(...) Não aceito a acusação de blasfêmia porque, como diz alguém em* The Satanic Verses, *"onde não existe crença, não existe blasfêmia".*[12]

The Satanic Verses é um livro escrito da perspectiva de um não-crente, sobre o qual os crentes poderiam expressar uma opinião, mas jamais uma moção de censura e, muito menos, condenação de seu autor. Anthony Burgess, corajosamente, num artigo em que expressou o desejo de que os muçulmanos viessem a conhecer a defesa da liberdade feita por John Milton, escreveu que a sentença de morte proferida por Khomeini era "uma declaração de guerra contra cidadãos de um país livre, e como tal um ato político".[13] E é mesmo lamentável que alguns intelectuais e escritores tenham justifi-

[12] *The Independent,* Londres, domingo, 4 de fevereiro de 1990. Tradução minha.
[13] "Islam's Gangster Tactics", in *The Independent,* quinta-feira, 16 de fevereiro de 1989.

cado a proibição de uma obra de arte. Muitos chegaram mesmo a defender a hipótese de que o livro não deveria ser editado em *paperback*, para não parecer que se provocava uma religião com a difusão do texto por um preço ainda mais barato... Inspirado pela polêmica, Millôr Fernandes lembrou que a proliferação de milhões de grupos religiosos resultou em diversas guerras, ao passo que os descrentes nunca saíram das suas poltronas para defender a fundamentação filosófica de sua descrença. Assim, o humorista lançou a idéia de que da Constituição brasileira deveria fazer parte "um item absolutamente inédito, defendendo uma liberdade fundamental, na qual se baseia a salvação da humanidade: A LIBERDADE DE DESCRENÇA".[14]

O debate sobre liberdade de imprensa tem-se aguçado recentemente com a percepção da dificuldade de exercer controle sobre a Internet. Todos podem ter acesso à Internet — crianças, homens e mulheres. Todos podem ler todas as opiniões e transmitir qualquer opinião, sem censura, sem coação. A rede de informações está em vários lugares e, paradoxalmente, em nenhum: como é na prática um mercado planetário onde se pode expressar qualquer idéia ou ideal, a sua regulamentação muitas vezes não será possível. Além disso, quase nunca se sabe a procedência do material transmitido.

A censura à Internet é uma tarefa impossível ou, com maior precisão, tecnologicamente inviável. Pela primeira vez na vida das idéias, está criado um *forum*

[14] *Jornal do Brasil*, Rio de Janeiro, domingo, 21 de maio de 1989.

Milton e o espírito de Platão (gravura de William Blake)

virtualmente livre de qualquer tipo de leis ou regras. Nunca houve meio de comunicação tão livre.

O ideal de John Milton foi realizado bastante além do que o autor da *Areopagítica* teria imaginado, já que mesmo os católicos acessam diariamente as informações existentes na Internet. Não se deve esquecer, contudo, que as vigorosas palavras de Milton não surtiram o efeito desejado, que era o de abolir a "Parliamentary Ordinance for Printing". A proibição passou a ser um pouco mais branda, mas o instrumento legal permaneceu intocável, à espera de melhor e maior uso. Da mesma maneira, Salman Rushdie já recebeu "indulto" de sua pena, mas sabe que ainda não poderá voltar com segurança à cena pública.

Deveremos assistir, a partir de agora, a um interminável desfile de métodos, justificativas, meios e tentativas de coibir o acesso e a utilização da Internet. Por mais difícil que seja realizar a total proibição da rede de informações, as iniciativas surgirão, dissimuladas de apelo aos bons costumes, e terá início mais um confronto com a liberdade de expressão. O livro que foi agora traduzido para a língua portuguesa representa um considerável esforço editorial que entrega ao leitor não apenas o vibrante panfleto de John Milton, mas também material complementar de cronologia e iconografia que raramente se encontra na publicação dos clássicos. A presente edição poderá muito bem servir para o contínuo reinício do debate sobre a necessidade e os efeitos da censura.

Londres, 20 de setembro de 1997

CRONOLOGIA

◊ ◊ ◊

1608 Nasce a 9 de dezembro, na residência da família "The Spreadeagle", em Bread Street, Londres. O casarão fica a alguns quarteirões da Catedral de São Paulo, numa região comercialmente próspera. O pai, John Milton Sr., é um conhecido escrivão, agente imobiliário, tabelião e agiota e, também, um ativo compositor litúrgico.

Milton aos 10 anos

1615 Em 24 de novembro nasce seu irmão Chistopher.

1618 Milton teve seu retrato pintado por Cornelius Janssen. Recebeu sua educação em casa, orienta-

do por Thomas Young, um presbiteriano escocês que viria a ser identificado com o movimento puritano. Young presentearia Milton com uma Bíblia Hebraica e os dois trocariam versos em latim e grego.

1620 Ingressa na Escola de São Paulo, sob os auspícios de Alexander Gill. Depois de sua morte, seu irmão Chistopher teria dito a John Aubrey: "Quando ele [John] foi para a escola, ainda bem jovem, estudava com afinco até tarde, normalmente meia-noite ou uma da manhã. Naqueles anos, compôs várias *Copies of Verses*, muito importantes em fase mais madura". Após os 12 anos, o jovem Milton "raramente ia para a cama antes da meianoite". Seu melhor amigo é Charles Diodati, filho de um proeminente médico italiano e protestante. Charles matricular-se-ia no Trinity College, Cambridge, em 1623. Milton também iniciaria uma duradoura amizade com o filho de Alexander Gill, um coroinha na Catedral de São Paulo dez anos mais novo do que ele.

1625 Em fevereiro é admitido no Christ's College, Cambridge, sob orientação de William Chapell. Ali permanecerá por 7 anos.

1626 Desentendimentos com Chapell o forçam a retornar à casa em Londres. Quando retorna a Cambridge é colocado sob os cuidados do tutor Nathaniel Tovey.

Milton aos 21 anos

1629 Conclui seu Bacharelado. Expressa insatisfação com o currículo de Cambridge. Milton sustenta que possivelmente a metade de seus colegas "age maliciosamente" em relação a ele. Milton assiste e, mais tarde, debocha de encenações dramáticas em Cambridge.

1630 Charles Diodati freqüenta a Universidade de Genebra, Suíça. Edward King, que Milton evocará em *Lycidas*, recebe o "fellowship" no Christ's College.

1631 Em fevereiro, Christopher Milton matricula-se no Christ's College, sob a orientação de Nathaniel Tovey, o tutor de Milton.

1632 Milton publica *On Shakespeare* no "Second Folio" das obras de Shakespeare. Em 3 de julho, recebe

seu título de Mestre *cum laude* em Cambridge. Seu relacionamento com os colegas havia evidentemente melhorado muito, uma vez que seus poemas sobre a morte de Hobson assim o indicam. Seu último trabalho universitário, o *Oratorio Pro Arte* (Oratório em Favor da Arte), discute, entre outros assuntos, o valor da amizade. Muda-se para Hammersmith, perto de Londres, e Horton, no condado de Buckingham, para estudar por cinco anos, às custas de seu pai, visitando Londres ocasionalmente "com o propósito de aprender algo novo em matemática ou música, em que me deleitava". Em novembro, Christopher Milton é admitido em Inner Temple, Londres, para estudar Direito.

A residência de John Milton em Buckingham, onde planejou e escreveu o *Paraíso Perdido*

1634 Em 29 de setembro, *Comus*, então intitulado "A Mask", é apresentado como parte das cerimônias de honra da ocupação do Castelo de Ludlow por Thomas Egerton, Presidente de Gales, na fronteira da Inglaterra e Gales. Troca versos em grego e latim com o jovem Alexander Gill.

1637 *Comus* é publicado, anonimamente no início, com a ajuda do compositor Henry Lawes, que compôs a música. Em 3 de abril, morre sua mãe Sara. Em 2 de setembro, Milton escreve a Charles Diodati sobre os últimos dias de um intenso e "longo período de estudos". Em novembro, escreve *Lycidas* (Edward King, colega de Milton em Christ's College, que inspirou o poema, havia morrido afogado em 10 de agosto).

1638 *Lycidas* é publicado no volume de Cambridge dedicado à memória de Edward King, "*Justa Edwardo, King Naufrago*" ("Em memória de Edward King, náufrago"). Em maio, vai à França, onde conhece Hugo Grotius, o famoso jurista, e depois à Itália, chegando a Florença no início do outono. É bem recebido em encontros na Academia Svogliati em Florença, onde lê sua própria poesia em latim. Presume-se que Milton tenha ido a Vallombrosa, um mosteiro perto de Florença, onde visitou Galileu, então em prisão domiciliar decretada pela Inquisição, que assim o manteve até o fim da vida. Assiste a uma ópera no palácio do Cardeal Francesco Barberini, sobri-

nho do Papa, em Roma, e visita a biblioteca do Vaticano. Em outubro, está em Roma e em dezembro embarca para Nápoles, onde se encontra com o biógrafo de Torquato Tasso, Giovanni Batista, Marquês de Manso. Milton escreve *Mansus* em sua homenagem. Cancela uma viagem planejada à Grécia, aparentemente por causa de boatos sobre uma iminente guerra civil na Inglaterra. Recebe notícia da morte de Charles Diodati.

1639-1640 Estabelece-se em Londres, instituindo um tipo de escola ou academia privada de ensino secundário em St. Bride's Churchyard, inicialmente para seus sobrinhos, John e Edward Philips e, mais tarde, também para crianças da aristocracia. Carlos I invade a Escócia (1639). O Parlamento é convocado (1640).

1640 Em 30 de junho, retoma as terras de Richard Powell, em Wheatly, executando uma dívida.

1641-1642 Publica seus trabalhos eclesiásticos: *Of Reformation*, *Of Prelatical Episcopacy*, *Animadversions upon the Remonstrant's Defence against Smectymnuus*, *The Reason of Church Government*, *Apology for Smectymnus.*

1642 Em fevereiro, publica *The Reason for Church Government.* No preâmbulo do Livro II dessa obra, faz comentários sobre a função do poeta. Em maio, casa-se com Mary Powell, que o abandona um mês depois para voltar à casa de sua família, perto de Oxford, de onde só retornará em 1645.

A família Powell declara apoio aos *royalists.* Em agosto, tem início a Guerra Civil. Em outubro, o irmão de Milton, Christopher, começa a servir aos *royalists,* enquanto reside em Reading. O exército *royalist* mantém suas bases em Oxford.

1643 Em 1º de agosto, publica *Doctrine and Discipline of Divorce.*

1644 Em fevereiro, é publicada a edição ampliada de *Doctrine and Discipline of Divorce.* Em junho, publica *Of Education.* Em julho, eclode a Batalha de Marston Moor (momento decisivo da Guerra Civil inglesa). Em agosto, é publicado *The Judgement of Martin Bucer Concerning Divorce.*

Em 23 de novembro, publica *Areopagitica.* Desde o outono, sua visão mostrava-se problemática.

1645 Em março, publica *Tetrachordon* e *Colasterion. Poems of Mr. John Milton, Both English and Latin... 1645* é registrado para publicação (e publicado em 1646). Faz planos para se casar com a filha de um Dr. Davis, "uma dama muito bonita e espirituosa". Mary Powell retorna. Em 14 de junho, tem lugar a Batalha de Naseby (fim das esperanças de Carlos I de conseguir um acordo militar).

1646 Toda a família Powell se muda para a casa de Milton, após ter sido expulsa de Oxford, em razão da sua posição *royalist,* quando as forças

do Rei Carlos perderam apoio. Em janeiro, são publicados os *Poems... 1645*. Em 29 de julho, nasce sua filha Anne.

1647 Em 1º de janeiro, morre seu sogro Richard Powell. Em março, morre seu pai, John Milton Sr., que lhe deixa uma "herança modesta", que inclui a casa de Bread Street. Em 21 de abril, escreve a seu amigo italiano Carlo Dati, lamentando que esteja rodeado por pessoas com as quais tem poucas afinidades. A família Milton, após a volta dos Powell a Oxford, muda-se da casa em Barbican para uma menor em High Holborn, perto de Lincon's Inn Fields.

1648 Em 25 de outubro nasce sua filha Mary.

1649 Em 30 de janeiro, o Rei Carlos é executado em público. Milton provavelmente estava presente. Em 13 de fevereiro, publica *Tenure of Kings and Magistrates*. Em março, é convidado a tornar-se Secretário para Idiomas Estrangeiros (um cargo relacionado com correspondência diplomática, geralmente em latim) pelo Conselho de Estado. Publica-se *Eikon Basilike*, o texto supostamente escrito por Carlos I na véspera de sua execução, que apresenta a imagem do rei como a de um mártir. Em 11 de maio, aparece a obra *Defensio Regia* (Defesa do Reinado), de Salmasius. Em maio, publica *Observations on the Articles of Peace*. Em outubro, publica *Eikonoklastes* ("destruidor de ícones").

1650 Ordenado pelo Conselho de Estado a responder ao livro de Salmasius.

1651 Em fevereiro, é publicado *Defensio pro Populo Anglicano* (Defesa do Povo Inglês), para sustentar as ações do povo inglês no continente. Em março, nasce seu filho John. A família de Milton muda-se para "uma linda casa em Petty-France em Westminster... que dava para o Parque de Saint James".

1652 Em fins de fevereiro, fica totalmente cego, provavelmente por causa de um glaucoma. Em 2 de maio, nasce sua filha Deborah. Em 5 de maio, morre sua mulher Mary, presumivelmente de complicações após o parto. Em junho, morre seu filho John, em circunstâncias um tanto misteriosas (pode ter sido negligenciado por uma babá). Em agosto, Pierre du Moulin publica *Regii Sanguinis Clamor* (O Clamor do Sangue Real), em resposta ao *Defensio* de Milton, que é ordenado a oferecer uma tréplica pelo Conselho de Estado.

1653 Em 20 de fevereiro, Milton escreve uma carta recomendando Andrew Marvell ao posto de seu assistente, tendo em vista suas habilidades como tradutor e acadêmico. Em 3 de setembro, morre Salmasius.

1654 Publica *Defensio Secunda*, justificativa do primeiro Protetorado sob Oliver Cromwell.

1655 Recebe permissão para utilizar-se dos serviços de

um amanuense como secretário particular. Milton retorna ao ensino privado e prepara um dicionário em latim e um léxico em grego. Provavelmente trabalha em sua *De Doctrina Christiana* (Sobre a Doutrina Cristã), sumário pessoal de suas crenças teológicas; possivelmente trabalha em *Paradise Lost.* Tem seu salário reduzido de £288 para £150, que se torna sua aposentadoria. Em agosto, publica *Defensio Pro Se* (Defesa de Si Mesmo).

1656 Em 12 de novembro, casa-se com Katherine Woodcock.

1657 Em 19 de outubro, nasce sua filha Katherine.

1658 Em 3 de fevereiro, morre sua mulher Katherine Woodcock.

Em 17 de marco, morre a filha Katherine.

Em 3 de setembro, morre Oliver Cromwell.

1659 Em fevereiro, publica *A Treatise of Civil Power.* Em março, publica a primeira edição de *Ready and Easy Way to Establish a Free Commonwealth.* Esconde-se na casa do amigo Bartholomew Close para escapar de possível retaliação dos *loyalists* de Carlos II, "onde morou até o aparecimento do 'Act of Oblivion'" (o ato de perdão a todos que haviam feito oposição a Carlos I). Em 16 de junho, o Parlamento estuda a possibilidade de declarar a prisão de Milton. Em 27 de junho, o carrasco de Londres queima *Defensio Pro Populo*

Anglicano e *Eikonoklastes* em público. Em agosto, é publicado *The Likeliest Means to Remove Hirelings out of the Church*. Em agosto, passa a residir em Holborn, perto de Red Lion Fields. Muda-se para uma casa em Jewin Street, em setembro, temendo por sua vida. Em outubro, é capturado e preso. Em 15 de dezembro, é solto por ordem parlamentar e, no dia 17, Andrew Marvell protesta no Parlamento contra as excessivas fianças estipuladas para Milton.

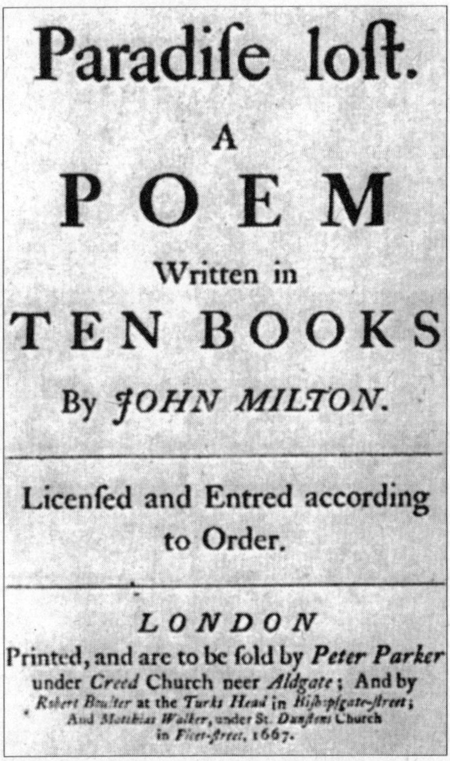

Paradiſe loſt.

A

POEM

Written in

TEN BOOKS

By *JOHN MILTON*.

Licenſed and Entred according to Order.

LONDON

Printed, and are to be ſold by *Peter Parker* under *Creed* Church neer *Aldgate*; And by *Robert Boulter* at the *Turks Head* in *Biſhopſgate-ſtreet*; And *Matthias Walker*, under St. *Dunſtons* Church in *Fleet-ſtreet*, 1667.

Folha de rosto de *Paradise Lost* (1667)

1660 Restauração do Rei Carlos II. Edição revista de *Ready and Easy Way*.

1662 Passa a orientar Thomas Ellwood, um jovem Quaker que mencionaria as circunstâncias em torno da publicação de *Paradise Lost* e *Paradise Regain'd* em sua autobiografia.

1663 Em 24 de fevereiro, casa-se com Elizabeth Minshull. Problemas na família surgem antes e depois do casamento. Consta que sua filha Mary teria desejado sua morte no lugar de seu casamento, e outras filhas teriam conspirado na venda de alguns de seus livros. A família se muda de Jewin Street para "uma casa no 'artillery-walk' [um campo de marcha militar] nas proximidades de Bunhill Fields."

1665 Thomas Ellwood atua como agente, assegurando uma casa para Milton em Chalfont St. Giles, Buckinghamshire, para evitar a praga em Londres. ("Milton's Cottage", a única residência de Milton que foi preservada, e hoje aberta ao público.)

1666 A casa do pai do poeta em Bread Street está entre as que foram destruídas no Grande Incêndio de Londres, que também queimou a maioria das editoras.

1667 *Paradise Lost* é publicado em dez volumes.

1668 *Paradise Lost* é relançado com uma nova capa, argumentos e outros assuntos preliminares.

1669 Em junho, é publicada *Accidence Commenced Grammar.*

1670 Retrato de Milton é pintado por William Faithorne. Em novembro, publica *History of Britain*, com capa do mesmo Faithorne.

1671 *Paradise Regain'd* e *Samson Agonistes* publicados conjuntamente. A data da composição de *Samson Agonistes* é ainda controvertida.

1672 Em maio, *Art of Logic* é publicada.

1673 Em maio, *Of True Religion* é publicada. Em novembro, *Poems, &c. upon Several Occasions... 1675* é publicado.

1674 Em maio, *Epistolae Familiares* (Cartas Familiares) e *Prolusiones* são publicados. Em 6 de julho, a segunda edição de *Paradise Lost* é publicada em doze volumes.

Em 8 de novembro, Milton morre "em um acesso de gota, mas com tão pouca dor ou emoção que o momento de sua morte não foi percebido por quem estava no quarto". Em 12 de novembro, Milton é enterrado perto de seu pai, na Igreja de St. Giles, Cripplegate.

JOHN MILTON

AREOPAGITICA

For the Liberty of Unlicens'd Printing
To the Parlament of England

JOHN MILTON

AREOPAGÍTICA

Discurso pela liberdade de imprensa ao Parlamento da Inglaterra

AREOPAGITICA

For the Liberty od Unlicenc'd Printing

This is True Liberty when free born men
Having to advise the public may speak free,
Which he who can, and will, deverv's high praise,
Who neither can nor will, may hold his peace;
What can be juster in a State then this?

Euripd, Hicetid

AREOPAGÍTICA[1]

Um discurso do Sr. John Milton em defesa da liberdade de imprensa ao Parlamento da Inglaterra[2].

(novembro de 1644)

A verdadeira liberdade ocorre quando os homens, nascidos livres,
Precisando dirigir-se ao público, podem falar livremente;
Aquele que puder e quiser falar, merecerá honrarias;
Aquele que não puder ou não quiser, poderá ficar em paz:
O que poderá ser mais justo do que isso?

Eurípides, As Suplicantes

THEY who to States and Governours of the Commonwealth direct their Speech, High Court of Parlament, or wanting such accesse in a private condition, write that which they foresee may advance the publick good, I suppose them, as at the beginning of no meane endeavour, not a little alter'd and mov'd inwardly in their mindes: some with doubt of what will be the successe, others with feare of what will be the censure; some with hope, others with confidence of what they have to speake. And me perhaps each of these dispositions, as the subject was whereon I enter'd, may have at other times variously affected; and likely might in these formost expressions now also disclose which of them sway'd most, but that the very attempt of this addresse thus made, and the thought of whom it hath recourse to, hath got the power within me to a passion, farre more welcome then incidentall to a Preface. Which though I stay not to confesse ere any aske, I shall be blamelesse, if it be no other then the joy and gratulation which it brings

AQUELES que se dirigem aos Chefes de Estado e às Autoridades da Commonwealth, ó Suprema Corte do Parlamento, ou que, desejando ter acesso a ela, em caráter pessoal, escrevem o que estimam possa favorecer o bem comum, a todos vejo, como seria de esperar no começo de uma empreitada de não pequena monta, apreensivos e tomados de emoção. Alguns, inseguros quanto ao resultado; outros, temerosos da opinião alheia; alguns, com esperança; outros, confiantes no que têm a dizer. Quanto a mim, talvez ficasse, em outros tempos, afetado por cada uma dessas disposições conflitantes do espírito com relação ao tema abordado. E provavelmente pudesse, da mesma forma, revelar agora, nessas preliminares, qual delas mais me impressionou. Acontece, porém, que a própria tentativa de fazer um discurso desses, e a evocação daqueles a que o discurso faz referência, elevaram a um tal paroxismo a força que me anima, que esse entusiasmo, por bem-vindo que seja, não tem lugar num prefácio. Embora eu não deseje confessá-lo espontaneamente, não serei culpado se não for essa a alegria e satisfação que virão

to all who wish and promote their Countries liberty; whereof this whole Discourse propos'd will be a certaine testimony, if not a Trophey. For this is not the liberty which wee can hope, that no grievance ever should arise in the Commonwealth, that let no man in this World expect; but when complaints are freely heard, deeply consider'd, and speedily reform'd, then is the utmost bound of civill liberty attain'd, that wise men looke for. To which if I now manifest by the very sound of this which I shall utter that wee are already in good part arriv'd, and yet from such a steepe disadvantage of tyranny and superstition grounded into our principles as was beyond the manhood of a *Roman* recovery, it will bee attributed first, as is most due, to the strong assistance of God our deliverer, next to your faithfull guidance and undaunted Wisdome, Lords and Commons of *England*. Neither is it in Gods esteeme the diminution of his glory, when honourable things are spoken of good men and worthy Magistrates; which if I now first should begin to doe, after so fair a progresse of your laudable deeds, and such a long obligement upon the whole Realme to your indefatigable vertues, I might be justly reckn'd among the tardiest and the unwillingest ao of them that praise yee. Neverthelesse there being three principall things, without which all praising is but Courtship and flattery, First, when that only is prais'd which is solidly worth praise: next, when greatest likelihoods are

recompensar todos os que desejam e promovem a liberdade dos seus países: liberdade essa da qual este discurso pretende dar testemunho, senão valer como troféu. Porque essa não é a liberdade que podemos desejar: a de que nenhuma nova queixa venha a surgir na Commonwealth. Ninguém poderia esperar uma coisa dessas nesse mundo. Mas quando as reclamações são livremente expostas, atentamente examinadas, e rapidamente ouvidas, então a última fronteira da liberdade civil terá sido alcançada, aquela que os homens sábios buscam. Se fica manifesto, pelo simples som deste meu discurso, que já chegamos lá, pelo menos em parte, apesar do ranço de tirania e superstição ainda entranhado em nossos princípios, e cuja remoção exigiria vigor maior do que o dos romanos, isso deve ser atribuído, antes de mais nada, à forte ajuda de Deus, nosso Salvador e, em seguida, à vossa fiel orientação e indômita sabedoria, Lordes e Comuns da Inglaterra. Em nada diminui a glória de Deus quando são ditas coisas honrosas de homens de bem e valorosos magistrados. Se eu começasse a elogiá-los agora, quando vossos louváveis atos tantos progressos já fizeram e que tanto já deve o Reino a vossas infatigáveis virtudes, eu poderia ser apenas reconhecido como um dos mais tardos e relutantes dos vossos admiradores[3]. Existem no entanto, três condições, sem as quais todo louvor não passa de galanteio e adulação. Primeira, só louvar o que, verdadeiramente, mereça louvor; depois, fornecer todas as provas de que

brought that such things are truly and really in those persons to whom they are ascrib'd: the other, when he who praises, by shewing that such his actuall perswasion is of whom he writes, can demonstrate that he flatters not, the former two of these I have heretofore endeavour'd, rescuing the employment from him who went about to impaire your merits with a triviall and malignant *Encomium*; the latter as belonging chiefly to mine owne acquittall, that whom I so extoll'd I did not flatter, hath been reserv'd opportunely to this occasion. For he who freely magnifies what hath been nobly done, and fears not to declare as freely what might be done better, gives ye the best cov'nant of his fidelity, and that his loyalest affection and his hope waits on your proceedings. His highest praising is not flattery, and his plainest advice is a kinde of praising; for though I should affirme and hold by argument, that it would fare better with truth, with learning, and the Commonwealth, if one of your publisht Orders which I should name, were call'd in, yet at the same time it could not but much redound to the lustre of your milde and equall Government when as private persons are hereby animated to thinke ye better pleas'd with publick advice then other statists have been delighted heretofore with publicke flattery. And men will then see what difference there is between the magnanimity of a trienniall Parlament and that jealous hautinesse of Prelates and cabin Counsellours that usurpt of late, when as they shall observe yee in the midd'st of your Victories and successes

as pessoas em questão têm, de fato, as qualidades a elas atribuídas; e, por fim, demonstrar que é verdadeira a sinceridade de quem louva, que não se trata de bajulação. As duas primeiras condições eu já venho procurando satisfazer, retomando a tarefa daquele que se empenhava em prejudicar vossos méritos com um encômio[4] trivial e pernicioso. Quanto à última, pois que cabe principalmente a mim demonstrar que quando elogiei não quis adular, foi reservada deliberadamente para esta oportunidade. Porque aquele que exalta livremente aquilo que foi feito com nobreza e não teme proclamar com a mesma liberdade o que poderia ser feito melhor ainda, vos dá a melhor garantia da sua fidelidade e da leal afeição e esperança com que acompanha a vossa atividade. Seu louvor supremo não é vã lisonjaria; seu conselho, mesmo o mais franco, vale como elogio. Devo afirmar e sustentar com argumentos que tudo iria melhor — a verdade, o saber, a Commonwealth — se uma das Ordenações por vós promulgadas, que pretendo designar, fosse recolhida; que disso resultaria maior lustre para o vosso governo de eqüidade e clemência. Levaria os simples cidadãos a pensar que o apoio da opinião pública vos agrada mais que a outros homens de Estado a lisonja. Os homens veriam a diferença que existe entre a magnanimidade de um Parlamento trienal e essa arrogância de prelados e conselheiros secretos, usurpadores recentes. Tal contraste ficará patente quando vos observarem em meio a vossas vitórias e êxitos,

more gently brooking writt'n exceptions against a voted Order then other Courts, which had produc't nothing worth memory but the weake ostentation of wealth, would have endur'd the least signifi'd dislike at any sudden Proclamation. If I should thus farre presume upon the meek demeanour of your civill and gentle greatnesse, Lords and Commons, as what your publisht Order hath directly said, that to gainsay, I might defend my selfe with ease, if any should accuse me of being new or insolent, did they but know how much better I find ye esteem it to imitate the old and elegant humanity of Greece then the barbarick pride of a *Hunnish* and *Norwegian* state-lines. And out of those ages, to whose polite wisdom and letters we ow that we are not yet *Gothes* and *Jutlanders*, I could name him who from his private house wrote that discourse to the Parlament of *Athens,* that perswades them to change the forme of *Democracy* which was then establisht. Such honour was done in those dayes to men who profest the study of wisdome and eloquence, not only in their own Country, but in other Lands, that Cities and Siniories heard them gladly and with great respect, if they had ought in publick to admonish the State. Thus did *Dion Prusaeus* a stranger and a privat Orator counsell the *Rhodians* against a former Edict: and I abound with other like examples, which to set heer would be superfluous. But if from the industry of a life wholly dedicated

dispostos a tolerar moções de crítica, quando se sabe que outras Cortes, que nada mais digno de menção legaram do que a doentia ostentação da riqueza, não teriam admitido a mais leve demonstração de descontentamento com qualquer proclamação intempestiva. Caso eu me prevalecesse, Lordes e Comuns, de uma mansuetude de comportamento reveladora da vossa cortesia e civilidade, a ponto de contradizer o conteúdo expresso da Ordenação tal como publicada, bastar-me-ia, para defender-me contra qualquer acusação de estranheza ou de insolência, mostrar o quanto preferia a antiga e elegante humanidade da Grécia ao orgulho bárbaro dos hunos e noruegueses. E do fundo das idades, a cujas sabedoria refinada e letras devemos o fato de já não sermos mais godos ou jutlandeses[5], eu poderia evocar aquele[6] que, de sua própria casa, arengou aos parlamentares de Atenas[7], a fim de convencê-los a mudar a forma de democracia então vigente[8]. Àquele tempo, prestava-se tal honra a homens conhecidos por sua sabedoria e eloqüência, não só em seu próprio país, mas também em outras terras; porque tanto cidades quanto condados ouviam com prazer e respeito aquilo que eles publicamente condenavam ao Estado. Foi assim que Dion Crisóstomos[9], estrangeiro e orador independente, aconselhou os cidadãos de Rodes a abolir um de seus éditos. Eu poderia multiplicar exemplos do mesmo tipo, mas citá-los aqui seria supérfluo. Porém, se do resultado de uma vida toda ela consagra-

to studious labours, and those naturall endowments haply not the worst for two and fifty degrees of northern latitude, so much must be derogated as to count me not equall to any of those who had this priviledge, I would obtain to be thought not so inferior as your selves are superior to the most of them who receiv'd their counsell: and how farre you excell them, be assur'd, Lords and Commons, there can no greater testimony appear then when your prudent spirit acknowledges and obeyes the voice of reason from what quarter soever it be heard speaking; and renders ye as willing to repeal any Act of your own setting forth as any set forth by your Predecessors.

If ye be thus resolv'd, as it were injury to thinke ye were not, I know not what should withhold me from presenting ye with a fit instance wherein to shew both that love of truth which ye eminently professe, and that uprightnesse of your judgement which is not wont to be partiall to your selves, by judging over again that Order which ye have ordain'd *to regulate Printing: That no Book, pamhlet, or paper shall be henceforth Printed, unlesse the same be first approv'd and licenc't by such*, or at least one of such as shall be thereto appointed. For that part which preserves justly every mans Copy to himselfe, or provides for the poor, I touch not, only wish they be not made pretenses to abuse and persecute honest and painfull Men, who offend not in either of these particulars. But that other clause of Licencing Books, which we thought had dy'd

da aos labores do estudo e ao exercício desses dons naturais, não os mais medíocres, talvez, para exercer aos 52 graus de latitude norte[10], muito deva ser subtraído a ponto de não ser eu considerado igual a qualquer um desses privilegiados, que, pelo menos, esses não sejam também tidos como superiores a mim; da mesma forma, vós sois superiores a muitos dos que aceitaram seus conselhos. De quão superiores sois, Lordes e Comuns, dá prova, e maior não pode haver, o fato de que obedeceis à voz da razão, de onde quer que ela vos fale e vos disponha a revogar qualquer ato por vós mesmos promulgado ou promulgado por vossos predecessores.

Se for essa vossa disposição, e seria injurioso pensar o contrário, não sei o que poderia impedir-me de oferecer-vos um exemplo capaz de provar tanto aquele amor da verdade que vós tão eminentemente professais, quanto aquela integridade de julgamento que não vos permite a parcialidade, reconsiderando assim aquela Ordenação votada por vós para *regular a imprensa. Para que nenhum livro, panfleto, ou documento seja, de agora em diante, impresso sem ser previamente aprovado e licenciado por aqueles* ou, pelo menos, por um daqueles autorizados a fazê-lo. Sobre a parte que garante a propriedade legítima do autor sobre a sua obra ou dispõe sobre a assistência aos pobres, abstenho-me de falar: e manifesto apenas meu desejo de que essas regras não sirvam de pretexto para abusos ou para a perseguição de homens laboriosos e de bem que não infringem a lei. Mas no que diz respeito à outra cláusula do licenciamento de livros, que julgávamos morta e

with his brother *quadragesimall* and *matrimonial* when the Prelats expir'd, I shall now attend with such a Homily as shall lay before ye, first the inventors of it to bee those whom ye will be loath to own; next what is to be thought in generall of reading, what ever sort the Books be; and that this Order avails nothing to the suppressing of scandalous, seditious, and libellous Books, which were mainly intended to be supprest; last, that it will be primely to the discouragement of all learning, and the stop of Truth, not only by the disexercising and blunting our abilities in what we know already, but by hindring and cropping the discovery that might bee yet further made both in religious and civill Wisdome.

I deny not but that it is of greatest concernment in the Church and Commonwealth, to have a vigilant eye how Bookes demeane themselves as well as men; and thereafter to confine, imprison, and do sharpest justice on them as malefactors: For Books are not absolutely dead things, but doe contain a potencie of life in them to be as active as that soule was whose progeny they are; nay, they do preserve as in a violl the purest efficacie and extraction of that living intellect that bred them. I know they are as lively, and as vigorously productive, as those fabulous Dragons teeth; and being sown up and down, may chance to spring up armed men. And yet on the other hand, unlesse warinesse be us'd, as good almost kill a Man as kill a good Book; who kills a Man kills a reasonable creature,

enterrada com suas congêneres disposições quaresmais e matrimoniais[11], quando terminou o Episcopado, quero agora dedicar uma homilia em que vos mostrarei: primeiro, que os inventores são aqueles mesmos que não quereis reconhecer como tais; depois, o que cumpre pensar da leitura em geral, qualquer que seja a natureza dos livros; e, ainda, que essa Ordenação é de todo ineficaz contra os livros escandalosos, sediciosos e difamatórios, justamente os que ela desejava suprimir. Por fim, que ela apenas servirá para desencorajar todo e qualquer estudo; paralisar a verdade, não só amortecendo e embotando nossas faculdades naquilo que já conhecemos, mas também dificultando ou impedindo as descobertas que poderiam ainda ser feitas no campo do conhecimento, civil e religioso.

Não nego que seja da maior importância para a Igreja e a Commonwealth manter um olhar vigilante tanto sobre o comportamento dos livros quanto dos homens. E, por conseguinte, confiná-los, encarcerá-los e submetê-los à mais rigorosa justiça como malfeitores. Porque os livros não são coisas absolutamente mortas; contêm uma espécie de vida em potência, tão prolífica quanto a da alma que os engendrou. E mais: eles preservam, como num frasco, o mais puro e eficaz extrato do intelecto que os produziu. Estou convencido de que eles são tão vivos e tão vigorosamente fecundos quanto aqueles dentes de dragão da fábula[12]. E que, uma vez semeados aqui e ali, podem dar nascimento a homens armados. E, por outro lado, vale refletir que matar um homem pode ser até melhor do que matar um bom livro. Quem mata um homem mata uma criatura racio-

Gods Image; but hee who destroyes a good Booke, kills reason it selfe, kills the Image of God as it were in the eye. Many a man lives a burden to the Earth; but a good Booke is the pretious life-blood of a master spirit, imbalm'd and treasur'd up on purpose to a life beyond life. 'Tis true, no age can restore a life, whereof perhaps there is no great losse; and revolutions of ages doe not oft recover the losse of a rejected truth, for the want of which whole Nations fare the worse. We should be wary therefore what persecution we raise against the living labours of publick men, how we spill that season'd life of man preserv'd and stor'd up in Books; since we see a kinde of homicide may be thus committed, sometimes a martyrdome, and if it extend to the whole impression, a kinde of massacre, whereof the execution ends not in the slaying of an elementall life, but strikes at that ethereall and fift essence, the breath of reason it selfe, slaies an immortality rather then a life. But lest I should be condemn'd of introducing licence, while I oppose Licencing, I refuse not the paines to be so much Historicall as will serve to shew what hath been done by ancient and famous Commonwealths against this disorder, till the very time that this project of licencing crept out of the *Inquisition,* was catcht up by our Prelates, and hath caught some of our Presbyters.

nal, feita à imagem de Deus; mas aquele que destrói um bom livro mata a própria razão, mata a imagem de Deus como que no olho. Muitos homens não passam de um fardo sobre a Terra. Mas um bom livro é o precioso sangue de um espírito superior, conservado e guardado com vistas a uma vida para além da vida. É certo que nenhuma época foi capaz de ressuscitar uma vida — o que talvez não seja tão grande prejuízo; da mesma forma, o passar do tempo raramente recupera a perda de uma verdade rejeitada — cuja falta faz nações inteiras esperarem pelo pior[13]. Deveríamos, por isso, refletir sobre o tipo de perseguição que desencadeamos contra as obras vivas dos homens públicos, para não causarmos a perda de uma vida humana, amadurecida, preservada e acumulada em livros. Vemos logo que se pode cometer assim uma espécie de homicídio, às vezes até mesmo um martírio; e se isso se estende à toda impressão, corresponde a um verdadeiro massacre — pois que a execução, no caso, não se esgota no aniquilamento de uma vida rudimentar, mas alcança aquela etérea quintessência, que é o sopro de vida da própria razão. E isso atenta contra a imortalidade e não simplesmente contra a vida. Antes, porém, que me condenem por excessiva licença, quando me oponho à exigência de uma licença, não me furto ao esforço necessário para mostrar o que fizeram contra essa desordem, ao longo da História, antigas e famosas Commonwealths — até o dia em que esse projeto de censura surgiu subrepticiamente da Inquisição, foi apropriada pelos nossos prelados, e contagiou alguns dos nossos presbíteros.

In *Athens* where Books and Wits were ever busier then in any other part of *Greece,* I finde but only two sorts of writings which the Magistrate car'd to take notice of: those either blasphemous and Atheisticall, or Libellous. Thus the Books of *Protagoras* were by the Judges of *Areopagus* commanded to be burnt, and himselfe banisht the territory, for a discourse begun with his confessing not to know *whether there were gods, or whether not:* And against defaming, it was decreed that none should be traduc'd by name, as was the manner of *Vetus Comoedia,* whereby we may guesse how they censur'd libelling: And this course was quick enough, as *Cicero* writes, to quell both the desperate wits of other Atheists, and the open way of defaming, as the event shew'd. Of other sects and opinions though tending to voluptuousnesse and the denying of divine providence they tooke no heed. Therefore we do not read that either *Epicurus,* or that libertine school of *Cyrene,* or what the *Cynick* impudence utter'd, was ever question'd by the Laws. Neither is it recorded that the writings of those old Comedians were supprest, though the acting of them were forbid; and that *Plato* commended the reading of *Aristophanes* the loosest of them all to his royall scholler *Dionysius,* is commonly known, and may be excus'd, if holy *Chrysostome,* as is reported, nightly studied so much the same Author and had the art to cleanse a scurrilous vehemence into the stile of a rousing Sermon. That other leading City of *Greece,*

Em Atenas, onde livros e talentos tinham atividades ainda mais fervilhantes do que em qualquer outra parte da Grécia, encontro apenas dois tipos de escritos de que o magistrado cuidava ocupar-se: os blasfemos e os ateístas ou caluniosos. Assim, os livros de Protágoras[14] foram queimados em praça pública por ordem dos juízes do Areópago, e seu autor banido de Atenas por um discurso que começava com uma confissão: a de não saber se existiam, ou não, os deuses. Contra os escritos difamatórios, foi decretado que ninguém podia ser citado pelo nome, como na Comédia Antiga[15] — o que nos dá uma boa idéia de como censuravam os libelos. E tais medidas foram fortes o suficientes, segundo Cícero, para exterminar as idéias desesperadas de outros ateus, bem como o caminho aberto à difamação, como os eventos iriam mostrar[16]. Das outras seitas e opiniões divergentes, que tendiam para a voluptuosidade ou negavam a divina Providência, os areopagitas não cuidaram. Não consta que as leis se tenham ocupado de Epicuro[17] ou daquela escola libertina de Cirene, nem do que a impudência dos Cínicos punha em circulação[18]. Não há registro de que tenham sido objeto de censura as obras dos autores da Comédia Antiga, embora suas peças não pudessem ser representadas. É sabido, porém, que Platão recomendou a leitura de Aristófanes, o mais libertino de todos eles, ao seu pupilo real Dionísio[19]. Há que desculpá-lo se for verdade que São João Crisóstomo, como se escreveu, também estudou o mesmo autor à noite; e que, conhecedor da arte de purificar-lhe a veemente obscenidade, extraiu dela um eloqüente sermão. Quanto à outra cidade principal da Gré-

Lacedaemon, considering that *Lycurgus* their Law-giver was so addicted to elegant learning as to have been the first that brought out of *Ionia* the scatter'd workes of *Homer,* and sent the Poet *Thales* from *Creet* to prepare and mollifie the *Spartan* surlinesse with his smooth songs and odes, the better to plant among them law and civility, it is to be wonder'd how museless and unbookish they were, minding nought but the feats of Warre. There needed no licencing of Books among them, for they dislik'd all but their owne *Laconick Apothegms* and took a slight occasion to chase *Archilocus* out of their City, perhaps for composing in a higher straine then their owne souldierly ballats and roundels could reach to; Or if it were for his broad verses, they were not therein so cautious but they were as dissolute in their promiscuous conversing; whence *Euripides* affirmes in *Andromache,* that their women were all unchaste. Thus much may give us light after what sort Bookes were prohibited among the Greeks. The Romans also for many ages train'd up only to a military roughnes, resembling most of the *Lacedaemonian* guise, knew of learning little but what their twelve Tables, and the *Pontifick* College with their *Augurs* and *Flamins* taught them in Religion and Law, so unacquainted with other learning that when *Carneades* and *Critolaus* with the *Stoick Diogenes,* comming Embassadors to Rome, tooke thereby occasion to give the City

cia, Lacedemônia[20], causa espécie que seu legislador, Licurgo, fosse tão fascinado pelo bom conhecimento e tenha sido o primeiro a trazer da Jônia as obras esparsas de Homero; foi ele também quem mandou buscar em Creta o poeta Tales[21], a fim de que abrandasse com suas canções e odes a dureza e o mau humor dos espartanos, para que não fossem tão rudes e incultos, e interessados apenas nos misteres da guerra. Não havia necessidade de censura de livros entre eles, dado o geral descaso que tinham por tudo — com exceção dos seus próprios apotegmas lacônicos[22]. E se valeram de um ridículo pretexto para expulsar da cidade Arquíloco[23], talvez por compor num tom superior ao de suas baladas castrenses e rondéis. Pela indecência dos versos é que não seria: os espartanos eram dissolutos e promíscuos. Donde a afirmação de Eurípides, em *Andrômaca*, de que as mulheres de Esparta eram todas incastas. O que basta para esclarecer-nos sobre que espécie de livros eram censurados entre os gregos. Os romanos também, por muitos séculos, se adestravam somente para uma rudeza militar parecida em tudo com a dos lacedemônios. Do saber conheciam pouco mais do que estava contido nas suas doze tábuas ou do que o colégio dos pontífices, com seus áugures e flâmines[24], lhes ensinava em matéria de religião e de direito. Eram tão ignorantes de quaisquer outros conhecimentos que, quando Carneades e Critolau foram a Roma como embaixadores, com o estóico Diógenes[25], e aproveitaram a ocasião para dar à cidade

a tast of their Philosophy, they were suspected for seducers by no lesse a man then *Cato* the Censor, who mov'd it in the Senat to dismisse them speedily, and to banish all such *Attick* bablers out of *Italy*. But *Scipio* and others of the noblest Senators withstood him and his old *Sabin* austerity; honour'd and admir'd the men; and the Censor himself at last in his old age fell to the study of that whereof before hee was so scrupulous. And yet at the same time *Naevius* and *Plautus* the first Latine comedians had fill'd the City with all the borrow'd Scenes of *Menander* and *Philemon*. Then began to be consider'd there also what vas to be don to libellous books and Authors; for *Naevius* was quickly cast into prison for his unbridl'd pen, and releas'd by the *Tribunes* upon his recantation; We read also that libels were burnt, and the makers punisht by *Augustus*. The like severity no doubt was us'd if ought were impiously writt'n against their esteemed gods. Except in these two points, how the world went in Books, the Magistrat kept no reckning. And therefore *Lucretius* without impeachment versifies his Epicurism to *Memmius*, and had the honour to be set forth the second time by *Cicero* so great a father of the Commonwealth; although himselfe disputes against that opinion in his own writings. Nor was the Satyricall sharpnesse, or naked plainnes of *Lucilius*, or *Catullus*, or *Flaccus*, by any order prohibited. And for matters of State, the story of *Titius Livius*, though it extoll'd that part which *Pompey* held, was not therefore supprest by

uma idéia da sua filosofia, foram tidos como corruptores por um homem tão ilustre quanto Catão o censor[26], que propôs ao Senado sua imediata expulsão e o banimento da Itália de todos os demais áticos tagarelas. Cipião[27], porém, e outros nobres senadores enfrentaram-no e à sua velha austeridade sabina. Manifestaram consideração e admiração pelos homens. E o próprio censor, na velhice, acabou por dedicar-se ao estudo daquilo que tanto havia chocado os seus escrúpulos. E, no entanto, já nessa época, Névio e Plauto, os primeiros autores cômicos latinos, inundavam a cidade com peças tomadas de empréstimo a Menandro e a Filemon[28]. Passou-se então a considerar o que fazer com escritos difamatórios e seus autores. Névio foi logo trancafiado pelos excessos de sua pena, mas libertado pelos tribunos depois de uma retratação. Lemos também[29] que libelos caluniosos foram queimados ao tempo de Augusto, que punia seus autores. A mesma severidade, sem dúvida, era usada contra quem escrevesse impiamente contra os venerados deuses. Afora essas duas exceções, a magistratura não se ocupava do mundo dos livros. Em conseqüência, Lucrécio[30] pôde cantar impunemente seu epicurismo a Mêmio[31] e teve ainda a honra de uma segunda edição feita por Cícero[32], essa grande figura do Estado, embora conteste, na sua obra, essa teoria. Da mesma forma, nem a mordacidade da sátira nem a franqueza sem disfarces de Lucílio, Catulo ou Flaco[33] foram jamais proibidas. Quanto a matérias de Estado, a história de Tito Lívio[34], embora exaltasse o papel de Pompeu[35], não foi censurada por

Octavius Caesar of the other Faction. But that *Naso* was by him banisht in his old age for the wanton Poems of his youth, was but a meer covert of State over some secret cause; and besides, the Books were neither banisht nor call'd in. From hence we shall meet with little else but tyranny in the Roman Empire, that we may not marvell if not so often bad as good Books were silenc't. I shall therefore deem to have bin large anough in producing what among the ancients was punishable to write, save only which all other arguments were free to treat on.

By this time the Emperours were become Christians, whose discipline in this point I doe not finde to have bin more severe then what was formerly in practice. The Books of those whom they took to be grand Hereticks were examin'd, refuted, and condemn'd in the generall Councels; and not till then were prohibited, or burnt by autority of the Emperor. As for the writings of Heathen authors, unlesse they were plaine invectives against Christianity, as those of *Porphyrius* and *Proclus,* they met with no interdict that can be cited till about the year 400 in a *Carthaginian* Councel, wherein Bishops themselves were forbid to read the Books of Gentiles, but Heresies they might read: while others long before them on the contrary scrupl'd more the Books of Hereticks then of Gentiles. And that the primitive Councels and Bishops were wont only to declare what Books were not commendable, passing no furder, but leaving it to each ones conscience to read or to lay by,

Otávio César, de outra facção. Mas que Naso[36] tenha sido banido na velhice por Augusto pelos poemas licenciosos da juventude não é crível. Possivelmente os versos, que não foram proibidos nem retirados de circulação, serviram de pretexto para encobrir um motivo secreto. Daí por diante, só iremos encontrar tirania no Império Romano[37]. Não é, por isso, de admirar que livros bons fossem silenciados mais freqüentemente do que os maus. Estimo haver suficientemente exposto os gêneros de escritos que era temerário produzir entre os antigos. Afora isso, tudo o mais era permitido.

Por essa época, os Imperadores já se haviam tornado cristãos, cuja severidade nesse ponto não me parece ter sido maior do que a anterior. As obras dos autores tidos por heréticos eram examinadas, refutadas e condenadas pelos concílios; e só então tornavam-se proibidas ou eram queimadas por ordem do Imperador. Quanto aos escritos de autores pagãos, a não ser que contivessem invectivas diretas contra o cristianismo, como nos de Porfírio e Proclos[38], ficavam livres de interdição, pelo menos até o Concílio de Cartago, no ano de 400, depois do qual até os bispos foram proibidos de ler os livros dos gentios — embora pudessem ler tratados heréticos. Antes, ao contrário, havia mais escrúpulo em ler heréticos do que gentios. Que concílios e bispos se limitassem, nos primeiros séculos até depois do ano 800, a declarar o que era desaconselhável ler, deixando à consciência dos fiéis seguir-lhes ou não

till after the year 800, is observ'd already by *Padre Paolo* the great unmasker of the *Trentine* Councel. After which time the Popes of *Rome* engrossing what they pleas'd of Politicall rule into their owne hands, extended their dominion over mens eyes, as they had before over their judgements, burning and prohibiting to be read what they fansied not; yet sparing in their censures, and the Books not many which they so dealt with; till *Martin* the 5. by his Bull not only prohibited, but was the first that excommunicated the reading of hereticall Books; for about that time *Wicklef* and *Husse* growing terrible were they who first drove the Papall Court to a stricter policy of prohibiting. Which cours *Leo* the 10 and his successors follow'd, untill the Councell of Trent and the Spanish Inquisition engendring together brought forth or perfeted those Catalogues and expurging Indexes that rake through the entralls of many an old good Author with a violation wors then any could be offer'd to his tomb. Nor did they stay in matters Hereticall, but any subject that was not to their palat they either condemn'd in a prohibition, or had it strait into the new Purgatory of an Index. To fill up the measure of encroachment, their last invention was to ordain that no Book, pamphlet, or paper should be Printed (as if *S. Peter* had bequeath'd them the keys of the Presse also out of Paradise) unlesse it were approv'd and licenc't under the hands of 2 or 3 glutton Friers. For example:

o conselho, já fora observado pelo Padre Paulo, o grande crítico do Concílio de Trento[39]. Só depois os Papas de Roma[40], açambarcando todos os poderes em que podiam deitar mão, estenderam à vista dos homens o mesmo despotismo que já haviam imposto às suas mentes, queimando e proibindo a leitura de tudo aquilo que eles não aprovavam; e, assim mesmo, assaz econômicos na sua censura, condenando poucos livros, até que Martinho V, com sua Bula, pela primeira vez puniu com a excomunhão a leitura de obras heréticas. A ameaça de Wicklef[41] e Huss[42], cada dia mais terrível, levou a Corte papal a uma política de repressão mais rigorosa. Curso a que Leão X e seus sucessores deram prosseguimento, até que o Concílio de Trento e a Inquisição espanhola organizaram ou aperfeiçoaram esses catálogos e índices expurgatórios que devassaram a intimidade de muitos bons escritores do passado: um ultraje pior do que a violação de seus túmulos. Também não se limitavam a questões de heresia: tratavam de todo assunto que não fosse do gosto deles, ou decretavam uma interdição ou transferiam o caso diretamente para o novo purgatório de um índex. Para cúmulo das medidas invasivas, sua última invenção era ordenar que nenhum livro, opúsculo ou folha fosse impressa sem antes passar pelas mãos de dois ou três frades glutões — como se São Pedro lhes tivesse dado as chaves da imprensa juntamente com as do Paraíso! Por exemplo:

Let the Chancellor *Cini* be pleas'd to see if in this present work be contain'd ought that may withstand the Printing,

Vincent Rabatta Vicar of *Florence.*

I have seen this present work, and finde nothing athwart the Catholick faith and good manners; In witnesse whereof I have given, &c.

Nicolò Cini, Chancellor of *Florence.*

Attending the precedent relation, it is allow'd that this present work of *Davanzati* may be Printed,

Vincent Rabatta, &c.
It may be Printed, *July* 15.
Friar *Simon Mompei d'Amelia*
Chancellor of the holy
office in *Florence.*

Sure they have a conceit, if he of the bottomlesse pit had not long since broke prison, that this quadruple exorcism would barre him down. I feare their next designe will be to get into their custody the licencing of that which they say[1] *Claudius* intended, but went not through with. Voutsafe to see another of their forms the Roman stamp:

Imprimatur, if it seem good to the reverend Master of the holy Palace,

Belcastro, Viceregent.

[1] *Quo veniam daret flatum crepitumque ventris in convivio emittendi.* Sueton. in Claudio.

Queira o Chanceler Cini examinar se a presente obra contém qualquer coisa que impeça sua impressão.

Vincent Rabatta, Vigário de Florença.

Vi o trabalho em apreço e nada encontrei contrário à fé católica e aos bons costumes. Em testemunho do que concedi, etc.

Nicolò Cini, Chanceler de Florença.

Considerando o relatório acima, o trabalho em apreço, da autoria de Davanzati[43], pode ser impresso.

Vincent Rabatta, etc.
Pode ser impresso, *15 de julho.*
Frei *Simon Mompei d'Amelia*,
Chanceler do Santo Ofício
em Florença.

Seguramente, eles acreditam que se alguém do abismo sem fundo já não tivesse, de há muito, escapado da prisão, esse quádruplo exorcismo o deixaria trancafiado lá dentro! Temo que seu próximo desígnio seja atribuir-se o direito de licenciar o que as pessoas dizem. O Imperador Cláudio tinha essa intenção, mas não chegou a implementá-la[44]. Dignai-vos a ver outra de suas fórmulas sacramentais, com carimbo de Roma:

Imprimatur, se parecer bom ao reverendo Senhor do Palácio Apostólico,

Belcastro, Vice-Regente.

Imprimatur,
Friar *Nicolò Rodolphi* Master of the holy Palace.

Sometimes 5 *Imprimaturs* are seen together dialogue-wise in the Piatza of one Title page, complementing and ducking each to other with their shav'n reverences, whether the Author, who stands by in perplexity at the foot of his Epistle, shall to the Presse or to the spunge. These are the prety responsories, these are the deare Antiphonies that so bewitcht of late our Prelats and their Chaplaines with the goodly Eccho they made; and besotted us to the gay imitation of a lordly *Imprimatur*, one from Lambeth house, another from the West end of *Pauls*; so apishly Romanizing that the word of command still was set downe in Latine; as if the learned Grammaticall pen that wrote it, would cast no ink without Latine; or perhaps, as they thought, because no vulgar tongue was worthy to expresse the pure conceit of an *Imprimatur*; but rather, as I hope, for that our English, the language of men ever famous and formost in the achievements of liberty, will not easily finde servile letters anow to spell such a dictatorie presumption English. And thus ye have the Inventors and the originall of Book-licencing ript up, and drawn as lineally as any pedigree. We have it not, that can be heard of, from any ancient State, or politie,

Imprimatur,
Frei *Nicolò Rodolphi*, Senhor do Palácio Apostólico.

Às vezes, cinco desses imprimátures são vistos juntos como que a dialogar na praça de uma folha de rosto, trocando cumprimentos e reverências uns com os outros, com suas carecas à mostra, sobre se o seu autor, perplexo ao pé da sua epístola, irá para a prensa ou para a masmorra. Aí estão os belos responsórios e as estimadas antífonas, que tanto enfeitiçam ultimamente nossos prelados e seus capelães com seus graciosos ecos; e nos intoxicaram a tal ponto que nos levaram a plagiar alegremente um *imprimatur* verdadeiramente senhorial: um de Lambeth House, outro do West End, próximo à Catedral de São Paulo[45]. Macaqueava-se Roma tão impudentemente que a palavra de comando era posta ainda em latim; como se a pena gramatical que a escrevia se recusasse a cuspir tinta que não fosse latina; ou, talvez, pensassem eles que nenhuma língua vulgar era digna de expressar a pureza conceitual de um *imprimatur*; mais ainda, quero crer, por não encontrarem facilmente no nosso inglês, língua de homens sempre famosos e a postos na vanguarda das empresas da liberdade, letras servis em número suficiente para grafar expressão tão presunçosa. Ficam então assim revelados aos vossos olhos os inventores e o modelo original da censura de livros, traçados tão linearmente quanto qualquer outro *pedigree*. Nós não recebemos isso, ao que se saiba, de nenhum Estado antigo, poder político,

or Church, nor by any Statute left us by our Ancestors, elder or later; nor from the moderne custom of any reformed Citty, or Church abroad; but from the most Antichristian Councel, and the most tyrannous Inquisition that ever inquir'd. Till then Books were ever as freely admitted into the World as any other birth; the issue of the brain was no more stifl'd then the issue of the womb; no envious *Juno* sate cros-leg'd over the nativity of any mans intellectual off-spring; but if it prov'd a Monster, who denies but that it was justly burnt, or sunk into the Sea. But that a Book, in wors condition then a peccant soul, should be to stand before a Jury ere it be borne to the World, and undergo yet in darknesse the judgement of *Radamanth* and his Colleagues, ere it can passe the ferry backward into light, was never heard before, till that mysterious iniquity, provokt and troubl'd at the first entrance of Reformation, sought out new limbo's and new hells wherein they might include our Books also within the number of their damned. And this was the rare morsell so officiously snatcht up and so ilfavourdly imitated by our inquisiturient Bishops and the attendant minorites their Chaplains. That ye like not now these most certain Authors of this licencing order, and that all sinister intention was farre distant from your thoughts, when ye were importun'd the passing it, all men who know the integrity of your actions, and how ye honour Truth, will clear yee readily.

ou Igreja; muito menos de algum estatuto legado por nossos ancestrais; nem do costume moderno de qualquer cidade reformada ou Igreja estrangeira — mas do concílio o mais anticristão, e da Inquisição a mais tirânica de quantas houve. Até então os livros foram sempre admitidos livremente no mundo como qualquer outro nascimento. Os frutos do cérebro não eram mais sufocados do que os do útero. Nenhuma Juno invejosa vigiava de pernas cruzadas o nascimento da progênie intelectual de qualquer homem[46]. Produzisse ele, porém, um monstro, e todos achariam justo que fosse queimado ou lançado ao mar. Mas nunca se ouvira dizer que um livro, em pior situação do que uma alma pecadora, devesse ficar postado diante de um júri antes de vir ao mundo, e ser, ainda nas trevas, sentenciado por Radamântis[47] e seus colegas antes de poder atravessar de barco para a luz. Só depois de espicaçada e aturdida com os primeiros sucessos da Reforma foi que essa misteriosa iniqüidade buscou novos limbos e novos infernos onde pudesse incluir, também, nossos livros entre os danados. E esse foi um belo pedaço, gulosamente apropriado e rapidamente tomado como modelo por nossos bispos inquisitoriais e por seus apaniguados, os capelães menoritas[48]. Que vós agora não gosteis desses incontestáveis autores da ordem de censura e que tal sinistra intenção estivesse distante dos vossos pensamentos, quando levados a votá-la, todos os que conhecem a integridade de vossos atos e sabem o quanto valorizais a verdade vos absolverão prontamente.

But some will say, what though the Inventors were bad, the thing for all that may be good? It may so; yet if that thing be no such deep invention, but obvious, and easie for any man to light on, and yet best and wisest Commonwealths through all ages and occasions have forborne to use it, and falsest seducers and oppressors of men were the first who tooke it up, and to no other purpose but to obstruct and hinder the first approach of Reformation, I am of those who beleeve it will be a harder alchymy then *Lullius* ever knew, to sublimat any good use out of such an invention. Yet this only is what I request to gain from this reason, that it may be held a dangerous and suspicious fruit, as certainly it deserves, for the tree that bore it, untill I can dissect one by one the properties it has. But I have first to finish as was propounded, what is to be thought in generall of reading Books, what ever sort they be, and whether be more the benefit or the harm that thence proceeds?

Not to insist upon the examples of *Moses, Daniel* and *Paul,* who were skilfull in all the learning of the Ægyptians, Caldeans, and Greeks, which could not probably be without reading their Books of all sorts, in *Paul* especially, who thought it no defilement to insert into holy Scripture the sentences of three Greek Poets and one of them a Tragedian, the question was notwithstanding sometimes controverted among the Primitive Doctors, but with great odds on that side which affirm'd it both lawfull and profitable,

Mas alguns talvez me digam: mesmo sendo maus os inventores, a invenção não pode ser boa? Pode. Mas se não se trata de uma invenção assim tão profunda, mas sim óbvia e fácil de ocorrer a qualquer inteligência mediana; e se os melhores e mais sábios dos Estados, no curso das idades, e em todas as ocasiões, se abstiveram de empregá-la, enquanto que os mais pérfidos sedutores e opressores dos homens foram os primeiros a fazer uso dela, sem outro propósito que o de obstruir e atrasar o advento da Reforma, eu não sou o único a crer que seria preciso alquimia mais elaborada do que a de Lulo[49] para tirar bom proveito dessa invenção. Quanto a mim, só reivindico, com a força desse argumento, que não se julgue o fruto perigoso e suspeito, como certamente ele mereceria, pela árvore que o produziu[50], pelo menos até que eu possa dissecar, uma por uma, as propriedades que ele tenha. Antes disso, porém, cumpre que eu conclua o que havia proposto: o que pensar, em geral, da leitura de livros de todos os tipos, e quais serão os benefícios ou os danos dessa leitura?

Não pretendo insistir nos exemplos de Moisés, Daniel e Paulo, familiarizados com a sabedoria de egípcios, caldeus e gregos, e que não o seriam se não tivessem lido livros de todos os gêneros. Especialmente no caso de Paulo, que não julgou profanação enxertar na Sagrada Escritura versos de três poetas gregos, um deles autor trágico[51]. A questão permanece, ainda assim, controvertida entre os sábios primitivos, porém pendendo fortemente para o lado dos que afirmavam ser isso tão legítimo quanto pro-

as was then evidently perceiv'd, when *Julian* the Apostat and suttlest enemy to our faith made a decree forbidding Christians the study of heathen learning; for, said he, they wound us with our own weapons, and with our owne arts and sciences they overcome us. And indeed the Christians were put so to their shifts by this crafty means, and so much in danger to decline into all ignorance, that the two *Apollinarii* were fain as a man may say to coin all the seven liberall Sciences out of the Bible, reducing it into divers forms of Orations, Poems, Dialogues, ev'n to the calculating of a new Christian Grammar. But saith the Historian *Socrates:* The providence of God provided better then the industry of *Apollinarius* and his son by taking away that illiterat law with the life of him who devis'd it. So great an injury they then held it to be depriv'd of *Hellenick* learning; and thought it a persecution more undermining and secretly decaying the Church then the open cruelty of *Decius* or *Dioclesian.* And perhaps it was the same politick drift that the Divell whipt St. *Jerom* in a lemen dream, for reading *Cicero;* or else it was a fantasm bred by the feaver which had then seis'd hlm. For had an Angel bin his discipliner, unlesse it were for dwelling too much upon Ciceronianisms, and had chastiz'd the reading, not the vanity, it had bin plainly partiall, first, to correct him for grave *Cicero,* and not for scurrill *Plautus*

veitoso, o que ficou demonstrado quando Juliano o Apóstata, o mais astucioso inimigo da nossa fé, proibiu por decreto que os cristãos estudassem a cultura pagã. E isso porque, disse ele, "os cristãos nos ferem com nossas próprias armas, e com nossas artes e ciências eles nos superam." E, de fato, os cristãos ficaram reduzidos à penúria intelectual por causa dessa artimanha e se viram prestes a cair na mais crassa ignorância, a tal ponto que os dois Apolinários[52] recorreram ao artifício de estudar todas as sete ciências liberais[53] na Bíblia, tirando dela diversas formas de orações, poemas, diálogos e, até, uma nova gramática cristã. Mas o historiador Sócrates[54] observou: "A Providência divina proveu melhor do que o trabalho de Apolinário e seu filho, suprimindo aquela legislação, que era fruto da estupidez, e aquele que a inventara." Percebe-se a que ponto foi sentido o golpe de se privar do ensino da cultura helênica, julgando isso perseguição mais subreptícia e danosa à Igreja do que a crueldade aberta de Décio ou Diocleciano[55]. Talvez a mesma política tenha levado o Demônio, em sonho, a chicotear São Jerônimo por ler Cícero durante a Quaresma. Ou talvez a visão fantasmagórica[56] fosse apenas fruto da febre que então consumia o santo. Se o castigo lhe tivesse sido imposto por um anjo e tivesse tido por motivo, a menos que fosse por se estender demasiadamente sobre ciceronianismos, não a vaidade, mas a própria leitura, a parcialidade teria sido patente. Primeiro, não se explica que ele fosse corrigido pelo grave Cícero e não pelo obsceno Plauto, que a víti-

whom he confesses to have bin reading not long before, next, to correct him only, and let so many more ancient Fathers wax old in those pleasant and florid studies without the lash of such a tutoring apparition; insomuch that *Basil* teaches how some good use may be made of *Margites* a sportfull Poem, not now extant, writ by *Homer;* and why not then of *Morgante* an Italian Romanze much to the same purpose? But if it be agreed we shall be try'd by visions, there is a vision recorded by *Eusebius* far ancienter then this tale of *Jerom* to the nun *Eustochium,* and besides has nothing of a feavor in it. *Dionysius Alexandrinus* was about the year 240 a person of great name in the Church for piety and learning, who had wont to avail himself much against hereticks by being conversant in their Books; untill a certain Presbyter laid it scrupulously to his conscience, how he durst venture himselfe among those defiling volumes. The worthy man loath to give offence fell into a new debate with himselfe what was to be thought; when suddenly a vision sent from God, it is his own Epistle that so averrs it, confirm'd him in these words: Read any books what ever come to thy hands, for thou art sufficient both to judge aright and to examine each matter. To this revelation he assented the sooner, as he confesses, because it was answerable to that of the Apostle to the Thessalonians: Prove all things, hold fast that which is good. And he might have added another remarkable saying of the same

ma confessa haver lido pouco tempo antes. Depois, não há porque punir apenas Jerônimo, quando tantos padres da Igreja primitiva se compraziam impunemente nesses amáveis e floreados estudos, sem o açoite dessa aparição tutelar. Acresce que São Basílio[57] ensina que é possível fazer bom uso até de *Margites*, poema faceto, hoje perdido, escrito por Homero. E por que não de *Morgante*[58], um romance italiano, pelas mesmas razões? Mas se está decidido que vamos ser julgados por visões, então há uma visão registrada por Eusébio[59], muito anterior ao relato de Jerônimo à freira Eustóquio e no qual, além do mais, a febre não representou qualquer papel. Por volta do ano 240, Dionísio Alexandrino[60], figura renomada na Igreja por sua piedade e saber, tirava proveito na sua luta contra os hereges do fato de conhecer-lhes os livros. Mas então um presbítero qualquer lhe criou um caso de consciência: como se arriscava à freqüentação, tão perigosa, de tais autores? O santo homem, tomado de escrúpulos, temendo vir a ser objeto de escândalo, entrou em debate consigo mesmo sobre o que deveria pensar. E eis que uma visão enviada por Deus, ele mesmo o conta em Epístola, aprovou sua conduta com as seguintes palavras: "Lê todos os livros que caiam em tuas mãos, de vez que és suficientemente capaz de julgar corretamente e examinar cada questão." O sábio confessa haver admitido prontamente a revelação, lembrando-se da palavra do Apóstolo aos tessalônios: "Discerni tudo e ficai com o que é bom.[61]" E ele poderia ter acrescentado outra sentença notável do mes-

Author: To the pure all things are pure, not only meats and drinks, but all kinde of knowledge whether of good or evill; the knowledge cannot defile, nor consequently the books, if the will and conscience be not defil'd. For books are as meats and viands are, some of good, some of evill substance; and yet God in that unapocryphall vision said without exception, Rise *Peter,* kill and eat, leaving the choice to each mans discretion. Wholesome meats to a vitiated stomack differ little or nothing from unwholesome; and best books to a naughty mind are not unappliable to occasions of evill. Bad meats will scarce breed good nourishment in the healthiest concoction; but herein the difference is of bad books, that they to a discreet and judicious Reader serve in many respects to discover, to confute, to forewarn, and to illustrate. Wherof what better witnes can ye expect I should produce then one of your own now sitting in Parlament, the chief of learned men reputed in this Land, Mr. *Selden,* whose volume of naturall and national laws proves, not only by great autorities brought together, but by exquisite reasons and theorems almost mathematically demonstrative, that all opinions, yea, errors, known, read, and collated, are of main service and assistance toward the speedy attainment of what is truest. I conceive therefore, that when God did enlarge the universall diet of mans body, saving ever the rules of temperance,

mo autor: "Para os puros, todas as coisas são puras"[62], não apenas carnes e bebidas, mas qualquer tipo de conhecimento, seja bom ou mau. O conhecimento não pode corromper, nem, por conseguinte, os livros, se a vontade e a consciência não se corromperem. Porque os livros são como as carnes e viandas: algumas de boa qualidade, algumas de má qualidade. E, no entanto, Deus, naquela visão canônica, declara sem dissimulação: "Levanta-te, Pedro, imola e come"[63], deixando a escolha à discrição de cada um. Alimentos saudáveis pouco diferem de alimentos estragados no mal que fazem para um estômago doente. Da mesma forma, bons livros para uma mente pervertida constituem oportunidades para o mal. Comida ruim não constitui bom alimento por mais bem preparada que seja. Mas aqui há uma diferença com relação aos maus livros, que servem a um leitor avisado, judicioso, para descobrir, refutar, prevenir e ilustrar. Que melhor testemunho poderia eu ter do que de um dos vossos, um membro do Parlamento, um dos intelectuais de maior fama no Reino, Sr. Selden[64], cuja obra sobre Direito natural e Direito das gentes prova, não só pelo número de grandes autoridades reunidas, mas pela argumentação, pelos raciocínios quase que matematicamente demonstrados, que todas as opiniões, todos os erros são — uma vez conhecidos, lidos e comparados — de grande serviço e ajuda na obtenção da verdade? Acredito, em conseqüência, que Deus, ao ampliar a dieta dos corpos dos homens, ressalvadas, naturalmente, as normas da temperança, dei-

he then also, as before, left arbitrary the dyeting and repasting of our minds; as wherein every mature man might have to exercise his owne leading capacity. How great a vertue is temperance, how much of moment through the whole life of man I yet God committs the managing so great a trust without particular Law or prescription, wholly to the demeanour of every grown man. And therefore when he himself tabl'd the Jews from heaven, that Omer which was every mans daily portion of Manna is computed to have bin more then might have well suffic'd the heartiest feeder thrice as many meals. For those actions, which enter into a man rather then issue out of him and therefore defile not, God uses not to captivat under a perpetuall childhood of prescription, but trusts him with the gift of reason to be his own chooser; there were but little work left for preaching, if law and compulsion show grow so fast upon those things which hertofore were govern'd only by exhortation. *Salomon* informs us that much reading is a wearines to the flesh; but neither he nor other inspir'd author tells us that such or such reading is unlawfull: yet certainly had God thought good to limit us herein, it had bin much more expedient to have told us what was unlawfull then what was wearisome. As for the burning of those Ephesian books by St. *Pauls* converts, tis reply'd the books were magick, the Syriack so renders them. It was a privat act, a voluntary act, and leaves us to a voluntary imitation; the men

xou, como dantes, ao arbítrio das suas criaturas, o regime e alimentação dos nossos espíritos. Todo homem maduro pode e deve exercer seu próprio critério. Que grande virtude é a temperança, que importância desempenha ao longo da vida do homem? Ora, Deus confia inteiramente a gestão de uma responsabilidade tão grande, sem lei particular ou prescrição, à conduta de cada ser adulto. Por conseguinte, quando Ele mesmo enviou dos céus o alimento aos judeus, aquele *homer*[65], que era a generosa ração de maná que cada homem recebia por dia, era três vezes mais do que um homem saudável precisaria comer. Essas coisas que penetram no homem, em vez de saírem dele, não o tornam impuro[66]. Deus não costuma sujeitar o homem indefinidamente a preceitos feitos para crianças, mas lhe dá, confiando nele, o dom da razão, para que escolha por si mesmo. Os pregadores teriam muito pouco o que fazer se a lei e a compulsão devessem ocupar-se tão rigidamente desses preceitos, até então impostos apenas por exortação. Salomão nos ensina que o excesso de leitura é uma fadiga para a carne[67], mas nem ele, nem outro autor inspirado, nos diz que tal ou qual leitura é ilícita. Ademais, se Deus quisesse impor-nos limite nesse particular, teria sido muito mais eficaz se dissesse o que é ilícito, e não o que é fatigante. Quanto à queima daqueles livros pelos convertidos de São Paulo em Éfeso, a resposta é que eles tratavam de magia, pelo menos segundo a versão siríaca[68]. Era um ato privado, um ato voluntário, que nos leva a uma imitação voluntária: os homens,

in remorse burnt those books which were their own; the Magistrat by this example is not appointed; these men practiz'd the books, another might perhaps have read them in some sort usefully. Good and evill we know in the field of this World grow up together almost inseparably; and the knowledge of good is so involv'd and interwoven with the knowledge of evill and in so many cunning resemblances hardly to be discern'd, that those confused seeds, which were impos'd on *Psyche* as an incessant labour to cull out and sort asunder, were not more intermixt. It was from out the rinde of one apple tasted that the knowledge of good and evill as two twins cleaving together leapt forth into the World. And perhaps this is that doom which *Adam* fell into of knowing good and evill, that is to say of knowing good by evill. As therefore the state of man now is, what wisdome can there be to choose, what continence to forbeare without the knowledge of evill? He that can apprehend and consider vice with all her baits and seeming pleasures, and yet abstain, and yet distinguish, and yet prefer that which is truly better, he is the true wayfaring Christian. I cannot praise a fugitive and cloister'd vertue, unexercis'd and unbreath'd, that never sallies out and sees her adversary, but slinks out of the race, where that immortall garland is to be run for not without dust and heat. Assuredly we bring not innocence into the world, we bring impurity much rather: that which purifies us is triall, and triall is by what is contrary. That

tomados de remorso, queimaram os livros que eram de sua propriedade; o magistrado não tem nada a ver com isso. Esses homens punham em prática o que liam nos livros, outros poderiam talvez tê-los lido com algum proveito. Sabemos que o bem e o mal crescem juntos, quase inseparavelmente, no campo deste mundo; e o conhecimento do bem está de tal forma envolvido e entrelaçado com o conhecimento do mal, é tão difícil distingui-los em suas astuciosas aparências, que nem aquelas sementes que Psiquê teve de separar incessantemente com tanto esforço estavam tão misturadas[69]. Foi de dentro da casca de uma maçã mordida que o conhecimento do bem e do mal, como dois gêmeos agarrados um ao outro, saltou para o mundo. E talvez consista nisso a Queda de Adão: conhecer o bem e o mal, quer dizer, conhecer o bem pelo mal. E é nesse estado que o homem hoje se encontra: que sabedoria pode haver na sua escolha, que temperança na sua abstinência, sem o conhecimento do mal? Aquele que é capaz de conceber e contemplar o vício com todos os seus enganos e prazeres ilusórios e, assim mesmo, abster-se, distinguir, preferir o que é, de fato, melhor, é o verdadeiro cristão militante. Não posso louvar uma virtude esquiva e enclausurada, sem resistência nem fôlego, que não ousa sair e enfrentar o adversário, mas abandona a corrida ao termo da qual se recebe, vencidos poeira e calor, a imortal coroa de louros. É certo que não trazemos inocência para o mundo, e sim impureza. O que nos purifica é a provação, e provação supõe oposição. Aquela

vertue therefore which is but a youngling in the contemplation of evill, and knows not the utmost that vice promises to her followers, and rejects it, is but a blank vertue, not a pure; her whitenesse is but an excrementall whitenesse; Which was the reason why our sage and serious Poet *Spencer,* whom I dare be known to think a better teacher then *Scotus* or *Aquinas,* describing true temperance under the person of *Guion,* brings him in with his palmer through the cave of Mammon and the bowr of earthly blisse, that he might see and know, and yet abstain. Since therefore the knowledge and survay of vice is in this world so necessary to the constituting of human vertue, and the scanning of error to the confirmation of truth, how can we more safely and with lesse danger scout into the regions of sin and falsity then by reading all manner of tractats, and hearing all manner of reason? And this is the benefit which may be had of books promiscuously read. But of the harm that may result hence three kinds are usually reckn'd: First, is fear'd the infection that may spread; but then all human learning and controversie in religious points must remove out of the world, yea, the Bible it selfe; for that oftimes relates blasphemy not nicely, it describes the carnall sense of wicked men not unelegantly, it brings in holiest men passionately murmuring against

virtude, portanto, que se mostra bisonha na contemplação do mal, que desconhece as altas promessas que o vício faz aos seus seguidores, e que o repele, é virtude neutra, não pura. Sua alvura é apenas uma alvura excrescente. E essa é a razão pela qual nosso sábio e sério poeta Spenser[70], a quem ouso considerar melhor mestre do que Scotus[71] ou Tomás de Aquino, ao descrever a verdadeira temperança na figura de Guion[72], faz com que ele atravesse, com seu peregrino, a caverna de Mammon e o bosque das delícias terrestres, a fim de que possa ver, conhecer e, no entanto, abster-se. Se o conhecimento e exame do vício são, neste mundo, tão necessários à formação da virtude humana; e se é preciso escrutar o erro para a confirmação da verdade, como fazer para explorar mais seguramente e sem maiores riscos os domínios do pecado e da falsidade, senão lendo toda e qualquer espécie de tratados e ouvindo os mais variados argumentos? E esse é o proveito que se pode tirar dos livros lidos promiscuamente. Dos males, porém, que disso podem advir, três espécies são, em geral, apontadas. A primeira delas é o temor de que a infecção possa espalhar-se. Mas, nesse caso, todo conhecimento humano e toda controvérsia religiosa devem ser removidos deste mundo, inclusive a própria Bíblia, pois freqüentemente se refere à blasfêmia sem meias palavras, descreve a luxúria carnal dos pecadores elaboradamente, registra as queixas apaixonadas dos mais santos dos homens contra a Providência, reforçadas com os argumentos de Epicuro. Em outras importantes controvér-

providence through all the arguments of *Epicurus:* in other great disputes it answers dubiously and darkly to the common reader: And ask a Talmudist what ails the modesty of his marginall Keri, that *Moses* and all the Prophets cannot perswade him to pronounce the textuall Chetiv. For these causes we all know the Bible it selfe put by the Papist into the first rank of prohibited books. The ancientest Fathers must be next remov'd, as *Clement* of *Alexandria,* and that *Eusebian* book of Evangelick preparation, transmitting our ears through a hoard of heathenish obscenities to receive the Gospel. Who finds not that *Irenaeus, Epiphanius, Jerom,* and others discover more heresies then they well confute, and that oft for heresie which is the truer opinion? Nor boots it to say for these, and all the heathen Writers of greatest infection, if it must be thought so, with whom is bound up the life of human learning, that they writ in an unknown tongue, so long as we are sure those languages are known as well to the worst of men, who are both most able and most diligent to instill the poison they suck, first into the Courts of Princes, acquainting them with the choicest delights and criticisms of sin. As perhaps did that *Petronius* whom *Nero* call'd his *Arbiter,* the Master of his revels; and that notorious ribald of *Arezzo,* dreaded, and yet dear to the Italian Courtiers. I name not him for posterities sake,

sias, responde ao leitor comum de maneira dúbia e obscura. Pergunte-se a um talmudista o que é que afeta a modéstia dos seus comentários marginais[73], que nem Moisés e todos os Profetas conseguem persuadi-lo a pronunciar as palavras do Chetiv[74]. Por esses motivos, todos nós sabemos que a própria *Bíblia* é posta pelos papistas no topo da lista dos livros proibidos. Os padres mais antigos poderão ser os próximos proscritos, tal como Clemente de Alexandria[75], e aquele livro de Eusébio[76], de preparação evangélica, que transmite aos nossos ouvidos um acúmulo de obscenidades pagãs para receber as Sagradas Escrituras. Quem pode negar que Irineu, Epifânio, Jerônimo e outros descobrem mais heresias do que refutam, além de considerarem muitas vezes a posição herética mais justa do que a ortodoxa[77]? De nada serve dizer deles, bem como de todos os escritores pagãos de grande divulgação, se se pode pensar assim, a quem está vinculada a vida do conhecimento humano, que eles escrevem numa língua desconhecida, do momento em que estamos seguros de que aquelas linguagens são conhecidas pelos piores dos homens, que são os mais aptos e diligentes na instilação do veneno que vão captando, primeiro nas Cortes dos Príncipes, iniciando-os nos prazeres mais requintados e nos refinamentos do pecado. Talvez fosse isso o que fazia Petrônio[78], a quem Nero chamava seu Árbitro, o Mestre das suas orgias, e aquele notório bandalho de Arezzo[79], o mais temido e, no entanto, bem-amado dos cortesãos da Itália. Mas calo o nome, por respeito

whom *Harry* the 8. nam'd in merriment his Vicar of hell. By which compendious way all the contagion that foreine books can infuse will finde a passage to the people farre easier and shorter then an Indian voyage, though it could be sail'd either by the North of *Cataio* Eastward or of *Canada* Westward, while our Spanish licencing gags the English presse never so severely. But on the other side, that infection which is from books of controversie in Religion, is more doubtfull and dangerous to the learned then to the ignorant; and yet those books must be permitted untoucht by the licencer. It will be hard to instance where any ignorant man hath bin ever seduc't by Papisticall book in English, unlesse it were commended and expounded to him by some of that Clergy; and indeed all such tractats whether false or true are as the Prophesie of *Isaiah* was to the *Eunuch,* not to be *understood without a guide.* But of our Priests and Doctors how many have bin corrupted by studying the comments of Jesuits and *Sorbonists,* and how fast they could transfuse that coruption into the people, our experience is both late and sad. It is not forgot since the acute and distinct *Arrminius* was perverted meerly by the perusing of a namelesse discours writt'n at *Delf,* which at first he took in hand to confute. Seeing therefore that those books, and those in great abundance which are likeliest to taint

à posteridade, daquele outro a quem o rei Henrique VIII chamava, zombeteiramente, de seu Vigário do Inferno[80]. Por esse caminho abreviado, tudo o que livros estrangeiros podem contagiar encontrará um atalho muito mais fácil e curto até o público do que uma viagem às Índias, embora nesse caso seja possível velejar, ao norte, a partir de Catai para o leste ou a partir do Canadá para o oeste, enquanto nossa censura espanhola amordaça a imprensa inglesa mais severamente do que nunca. Mas, por outro lado, a infecção que provém de obras de controvérsia religiosa é mais temível e perigosa para os letrados do que para os ignorantes. E, no entanto, tais livros permanecem intocados pelo censor. Será difícil encontrar um caso de sedução de um homem ignorante por um livro papista em inglês, a não ser que algum membro do clero lhe tenha recomendado e exposto a obra. Na verdade, todos os tratados, verdadeiros ou falsos, são como as profecias de Isaías para o eunuco[81]: impossíveis de entender sem um guia. Mas dos nossos padres e doutores, quantos já não foram corrompidos por estudar comentários de jesuítas e sorbonistas[82], e quão rápido já não levaram rapidamente essa corrupção ao povo? Nossa experiência é tanto recente quanto melancólica. Basta lembrar de como o perspicaz e preciso Armínio[83] renegou os seus princípios pelo exame de uma simples dissertação anônima, escrita em Delft, que ele inicialmente pretendera refutar. Vendo, portanto, que livros como esse e outros, abundantes, que são os mais suscetíveis de contaminar

both life and doctrine, cannot be supprest without the fall of learning and of all ability in disputation, and that these books of either sort are most and soonest catching to the learned, from whom to the common people what ever is hereticall or dissolute may quickly be convey'd, and that evill manners are as perfectly learnt without books a thousand other ways which cannot be stopt, and evill doctrine not with books can propagate, except a teacher guide, which he might also doe without writing and so beyond prohibiting, I am not able to unfold how this cautelous enterprise of licencing can be exempted from the number of vain and impossible attempts. And he who were pleasantly dispos'd could not well avoid to lik'n it to the exploit of that gallant man who thought to pound up the crows by shutting his Parkgate. Besides another inconvenience, if learned men be the first receivers out of books and dispreaders both of vice and error, how shall the licencers themselves be confided in, unlesse we can conferr upon them, or they assume to themselves above all others in the Land, the grace of infallibility and un corruptednesse? And again if it be true, that a wise man like a good refiner can gather gold out of the drossiest volume, and that a fool will be a fool with the best book, yea, or without book, there is no reason that we should deprive a wise man of any advantage to his wisdome, while we seek to restrain from a fool that which being restrain'd will be no hindrance to his folly. For if there should be so much exactnesse always us'd to keep that from him which is

tanto a vida quanto a doutrina, não poderiam ser eliminados sem prejuízo para o saber e para o debate das idéias; e que os livros dessas duas espécies contaminam primeiro os letrados, de quem se transmite prontamente ao povo o que neles se contém de herético ou dissoluto; e que o mal se aprende perfeitamente sem livros, de mil outras maneiras, que não podem ser contidas; e que a falsa doutrina se propaga mesmo sem livro, bastando-lhe apenas um professor, o qual pode não escrever e, assim, invalidar o obstáculo a qualquer proibição. Não sou capaz de revelar como o cauteloso trabalho de censurar pode eximir-se do rol das tentativas impraticáveis e vãs. Uma pessoa prazerosamente disposta poderia muito bem comparar essa tentativa à proeza daquele homem galante que julgou poder confinar as gralhas ao jardim, fechando-lhes o portão. Além de outras inconveniências, se os homens letrados são os primeiros beneficiários dos livros e também os propagadores do vício e do erro, como confiar nos censores, a não ser que se lhes atribua, ou que eles mesmos se arroguem, por cima da cabeça dos demais na terra, a graça da infalibilidade e a da incorruptibilidade? E mais: se é verdade que um sábio, como um bom garimpeiro, pode encontrar ouro em qualquer escória de livro; e que um tolo será um tolo com o melhor dos livros ou sem livro algum, não há razão para privarmos o sábio de um excedente de cultura no afã de impedir que o tolo também o receba, já que não haverá constrangimento para a sua tolice. Se fosse necessário manter longe do tolo o que é

unfit for his reading, we should in the judgement of *Aristotle* not only but of *Salomon* and of our Saviour, not voutsafe him good precepts, and by consequence not willingly admit him to good books, as being certain that a wise man will make better use of an idle pamphlet then a fool will do of sacred Scripture. 'Tis next alleg'd we must not expose our selves to temptations without necessity, and next to that, not imploy our time in vain things. To both these objections one answer will serve, out of the grounds already laid, that to all men such books are not temptations, nor vanities; but usefull drugs and materialls wherewith to temper and compose effective and strong med'cins, which mans life cannot want. The rest, as children and childish men, who have not the art to qualifie and prepare these working mineralls, well may be exhorted to forbear, but hinder'd forcibly they cannot be by all the licencing that Sainted Inquisition could ever yet contrive; which is what I promis'd to deliver next: That this order of licencing conduces nothing to the end for which it was fram'd; and hath almost prevented me by being clear already while thus much hath bin explaining. See the ingenuity of Truth, who when she gets a free and willing hand, opens her self faster then the pace of method and discours can overtake her. It was the task which I began with, To shew that no Nation, or well instituted State, if they valu'd books at all, did ever use this way of licencing; and it might be answer'd, that this is

impróprio para sua leitura, deveríamos, na opinião não só de Aristóteles, mas também de Salomão, e do nosso Salvador, recusar-lhe os bons preceitos e, em conseqüência, o acesso aos bons livros. Pois é certo que um sábio fará melhor uso de um panfleto ruim do que qualquer tolo das Escrituras Sagradas. Alega-se ainda que não nos devemos expor sem necessidade às tentações nem perder nosso tempo com futilidades. Uma só resposta serve para as duas objeções, com base no que já foi dito: que tais livros não são tentações nem vaidades para todos os homens, mas drogas e substâncias úteis, com as quais dosar e compor bons e eficazes remédios que a vida do homem não pode dispensar. O resto, como as crianças e os espíritos imaturos que ignoram a arte de diluir e preparar esses produtos minerais, podem ser exortados a abster-se de mexer com eles, mas não há como impedi-los pela força, nem mesmo com todas as censuras que o Santo Ofício pudesse inventar. Era isso, aliás, o que eu me propunha a expor a seguir: que esse tipo de censura não leva ao resultado para o qual foi concebido. Esse fato já parecia tão claro no curso da exposição que por pouco eu não precisaria concluí-la. É tamanha a força da verdade, que ela se impõe quando tem liberdade de ação, e de forma tão rápida que nenhum discurso ou exposição metódica será capaz de alcançá-la. A tarefa que eu me impus de início foi mostrar que nenhuma Nação ou Estado bem constituído, que tivesse apreço pelos livros, jamais utilizou censura prévia. E então me poderiam objetar que esse ato de

a piece of prudence lately discover'd; To which I return, that as it was a thing slight and obvious to think on, so if it had bin difficult to finde out, there wanted not among them long since who suggested such a cours; which they not following, leave us a pattern of their judgement, that it was not the not knowing, but the not approving, which was the cause of their not using it. *Plato,* a man of high autority indeed, but least of all for his Commonwealth, in the book of his laws, which no City ever yet receiv'd, fed his fancie with making many edicts to his ayrie Burgomasters, which they who otherwise admire him wish had bin rather buried and excus'd in the *genial* cups of an *Academick* night-sitting. By which laws he seems to tolerat no kind of learning, but by unalterable decree, consisting most of practicall traditions, to the attainment whereof a Library of smaller bulk then his own dialogues would be abundant. And there also enacts that no Poet should so much as read to any privat man what he had writt'n, untill the Judges and Law-keepers had seen it and allow'd it; But that *Plato* meant this Law peculiarly to that Commonwealth which he had imagin'd, and to no other, is evident. Why was he not else a Law-giver to himself, but a transgressor, and to be expell'd by his own Magistrats, both for the wanton epigrams and dialogues which he made, and his perpetuall reading of *Sophron Mimus* and

prudência é uma invenção recente. Ao que responderei que, sendo tão óbvia e fácil de conceber, não teria faltado antigamente quem o sugerisse. Mesmo no caso de ser difícil de descobrir, haveria alguém para fazê-lo. O fato de que os governos não tivessem seguido esse curso nos dá uma amostra da sua maneira de pensar: não é a ignorância, mas a desaprovação a causa de não haver sido ela implantada. Platão, figura da maior autoridade, mas não apenas graças à *República*, deu livre curso à imaginação no livro das suas *Leis*, que nenhuma cidade pôs em prática, nutriu sua imaginação produzindo editos sem conta para os seus burgomestres. Os admiradores do filósofo teriam preferido que ele tivesse caído e se afogado nas libações de uma noite nos jardins de Academos[84]. Segundo essas leis, ele parece haver tolerado apenas o ensino previsto num decreto inalterável, limitado a tradições de natureza prática. Bastava, para servi-lo, uma biblioteca tão pequena que seus próprios diálogos excediam em número os livros existentes. Nenhum poeta podia ler seus poemas para qualquer cidadão antes que os juízes e guardiães das leis os tivessem examinado e autorizado sua divulgação. Que Platão tivesse em mente a sua Lei apenas para aquela República que ele imaginara, e para nenhuma outra, é evidente. Do contrário, teria sido um guardião da lei para si mesmo, e não um transgressor a ser banido pelos seus próprios magistrados, tanto pelos epigramas e diálogos libertinos que compunha quanto pela leitura incessante de Sofron o Mimo[85] e de

Aristophanes, books of grossest infamy, and also for commending the latter of them, though he were the malicious libeller of his chief friends, to be read by the Tyrant *Dionysius,* who had little need of such trash to spend his time on? But that he knew this licencing of Poems had reference and dependence to many other proviso's there set down in his fancied republic, which in this world could have no place; and so neither he himself, nor any Magistrat, or City ever imitated that cours, which tak'n apart from those other collaterall injunctions must needs be vain and fruitlesse. For if they fell upon one kind of strictnesse, unlesse their care were equall to regulat all other things of like aptnes to corrupt the mind, that single endeavour they knew would be but a fond labour: to shut and fortifie one gate against corruption, and be necessitated to leave others round about wide open. If we think to regulat Printing, thereby to rectifie manners, we must regulat all recreations and pastimes, all that is delightfull to man. No musick must be heard, no song be set or sung, but what is grave and *Dorick.* There must be licencing dancers, that no gesture, motion, or deportment be taught our youth but what by their allowance shall be thought honest; for such *Plato* was provided of. It will ask more then the work of twenty licencers to examin all the lutes, the violins, and the ghittarrs in every house; they must not be suffer'd to prattle as they doe, but must be licenc'd what they may say. And who shall silence all the airs and madrigalls, that

Aristófanes, autores da maior liberdade de linguagem. E também por recomendar aquele último, embora fosse difamador de seus melhores amigos, à leitura do tirano Dionísio, que precisava bem pouco desse lixo para passar o tempo. Platão sabia que essa censura de poemas estava ligada a muitas outras provisões de sua República imaginária, mas não fazia sentido no mundo real. Tanto isso é verdade que nem ele, nem qualquer magistrado ou Cidade-Estado, copiaram o modelo. Tomada isoladamente de outras injunções colaterais, tal prática era vã e estéril. A não ser que existissem provisões do mesmo rigor para coibir coisas igualmente capazes de corromper a mente, essa tentativa isolada era inútil, tal como fechar e fortificar uma porta contra a corrupção e ser forçado a deixar outras abertas. Se temos a intenção de regular a imprensa com o intuito, por esse meio, de corrigir costumes, então devemos regulamentar todas as recreações e passatempos com que os homens tanto se deleitam. Que não se ouça outra música, nem se componha e cante outra canção a não ser a solene dórica[86]. Havia que regulamentar a dança, para que nenhum gesto, movimento ou postura que não se estimasse honesta fosse ensinado aos jovens; e para isso Platão estava preparado. Será necessário o trabalho de vinte censores encarregados de examinar todos os alaúdes, violinos e guitarras existentes nas casas. Não se permitiria brincar com os instrumentos, e o que eles poderiam tocar seria regulado por lei. E quem seria capaz de calar todas as modinhas e madrigais que mur-

whisper softnes in chambers? The Windows also, and the *Balcone's* must be thought on; there are shrewd books with dangerous Frontispices set to sale; who shall prohibit them? shall twenty licencers? The villages also must have their visitors to enquire what lectures the bagpipe and the rebbeck reads, ev'n to the ballatry and the gammuth of every *municipal* fidler, for these are the Countrymans *Arcadia's* and his *Monte Mayors.* Next, what more Nationall corruption, for which England hears ill abroad, then houshold gluttony? who shall be the rectors of our daily rioting? and what shall be done to inhibit the multitudes that frequent those houses where drunk'nes is sold and harbour'd? Our garments also should be referr'd to the licencing of some more sober work-masters to see them cut into a lesse wanton garb. Who shall regulat all the mixt conversation of our youth, male and female together, as is the fashion of this Country? who shall still appoint what shall be discours'd, what presum'd, and no furder? Lastly, who shall forbid and separat all idle resort, all evill company? These things will be, and must be; but how they shall be lest hurtfull, how lest enticing, herein consists the grave and governing wisdom of a State. To sequester out of the world into *Atlantick* and *Eutopian* polities, which never can be drawn into use, will not mend our condition;

muram docemente nos quartos? Não se pode esquecer também das janelas e balcões. Existem livros sagazes postos à venda com perigosos frontispícios. Quem os proibiria? Os vinte censores? As aldeias precisariam ser visitadas por um grupo de inspetores que se encarregaria de perguntar que música tocam as gaitas de fole e as rabecas. Que baladas são cantadas, que repertório têm os violinistas municipais? pois esses são a Arcádia e o Monte Mayor do camponês[87]. Depois, que outra corrupção doméstica, afora a glutonaria, tem valido à Inglaterra má reputação no exterior? Quem serão os dirigentes dos nossos tumultos cotidianos? E o que deve ser feito para inibir as multidões que freqüentam esses antros em que a ebriedade é vendida e encorajada? Nossas vestes deveriam ficar também sujeitas ao controle da censura de alguns artesãos mais sóbrios que pudessem cortá-las segundo moldes menos escandalosos. Quem regulará o relacionamento dos nossos jovens, moços e donzelas, já que é costume neste país que se freqüentem? Quem decidirá o que pode ser dito e o que não pode, o que deve ficar apenas presumido, ou em que momento parar? Enfim, quem vai proibir e dispersar todo encontro ocioso, toda má companhia? Essas coisas virão, e é bom que venham. Mas como torná-las menos dolorosas e menos atraentes, é tarefa que incumbe ao Estado, à autoridade e à sabedoria do poder público. Retirar o homem do mundo, confiá-lo a regimes como o de Atlântida e o da Utopia[88], que nunca poderão ser postos em prática, não vai melhorar a nossa condição.

but to ordain wisely as in this world of evill, in the midd'st whereof God hath plac't us unavoidably. Nor is it *Plato's* licencing of books will doe this, which necessarily pulls along with it so many other kinds of licencing, as will make us all both ridiculous and weary, and yet frustrat; but those unwritt'n, or at least unconstraining laws of vertuous education, religious and civill nurture, which *Plato* there mentions as the bonds and ligaments of the Commonwealth, the pillars and the sustainers of every writt'n Statute; these they be which will bear chief sway in such matters as these, when all licencing will be easily eluded. Impunity and remissness for certain, are the bane of a Commonwealth; but here the great art lyes to discern in what the law is to bid restraint and punishment, and in what things perswasion only is to work. If every action which is good, or evill in man at ripe years, were to be under pittance and prescription and compulsion, what were vertue but a name, what praise could be then due to well-doing, what grammercy to be sober, just, or continent? Many there be that complain of divin Providence for suffering *Adam* to transgresse. Foolish tongues! when God gave him reason, he gave him freedom to choose, for reason is but choosing; he had bin else a meer artificiall *Adam*, such an *Adam* as he is in the motions. We our selves esteem not of that obedience or love or gift, which is of force: God therefore left him free, set before him a

Mas há que fazer alguma coisa para ordenar esse mundo perverso em que Deus nos pôs inelutavelmente. O progresso não virá com a censura de livros aconselhada por Platão, que traria necessariamente na sua esteira muitas outras espécies de censura, que nos fariam ao mesmo tempo ridículos, cansativos e frustrados. Mas essas leis consuetudinárias ou, pelo menos, não-compulsórias da República sobre a educação virtuosa, o sentimento religioso e cívico, que Platão apresenta como os elos e ligamentos da sua República, e como os pilares e alicerces de toda Constituição escrita, são as que governarão aquelas matérias, prescindindo de qualquer licenciamento expresso. A impunidade e a indolência são, sem dúvida alguma, a ruína de um Estado, mas aqui a grande arte consiste em discernir em que casos a lei deve ser invocada para restringir e punir, e quando bastará usar a persuasão. Se qualquer boa ou má ação da nossa idade adulta devesse depender de esmola, receita ou coerção, o que seria a virtude, senão um nome? Que louvor poderia merecer, então, o bom comportamento, que prêmio mereceria o cidadão por ser sóbrio, justo ou casto? Muitos criticam a divina Providência por haver permitido a transgressão de Adão. Tolas palavras! Quando Deus lhe deu a razão, deu com ela a liberdade de escolher, pois a razão é isso — escolha. De outro modo, ele teria sido um Adão artificial, um Adão feito marionete. Nós mesmos desprezamos obediência, amor ou presente que seja forçado. Deus criou o homem livre e pôs diante dele,

provoking object, ever almost in his eyes; herein consisted his merit, herein the right of his reward, the praise of his abstinence. Wherefore did he creat passions within us, pleasures round about us, but that these rightly temper'd are the very ingredients of vertu? They are not skilfull considerers of human things, who imagin to remove sin by removing the matter of sin; for, besides that it is a huge heap increasing under the very act of diminishing though some part of it may for a time be withdrawn from some persons, it cannot from all in such a universall thing as books are; and when this is done, yet the sin remains entire. Though ye take from a covetous man all his treasure, he has yet one jewell left: ye cannot bereave him of his covetousnesse. Banish all objects of lust, shut up all youth into the severest discipline that can be exercis'd in any hermitage, ye cannot make them chaste that came not thither so; such great care and wisdom is requir'd to the right managing of this point. Suppose we could expell sin by this means; look how much we thus expell of sin, so much we expell of vertue: for the matter of them both is the same; remove that, and ye remove them both alike. This justifies the high providence of God, who though he command us temperance, justice, continence, yet powrs out before us ev'n to a profusenes

quase debaixo dos seus olhos, um objeto tentador. Nisso consistia o seu mérito, nisso o seu direito à recompensa — no louvor de sua abstinência. Por que motivo criou Deus as paixões dentro de nós, os prazeres à nossa roda, senão para que uma sensata mistura faça desses elementos os ingredientes da virtude? Aqueles que imaginam suprimir o pecado suprimindo a matéria do pecado são observadores medíocres da natureza humana. O pecado é uma pilha enorme que cresce no mesmo momento em que é reduzida. É possível retirar parte dele, por algum tempo, de algumas pessoas; é impossível, no entanto, retirá-lo de todas as pessoas, tratando-se, como se trata, de coisa tão universal quanto os livros. E quando isso se faz, o pecado permanece inteiro. Se, ao privarmos um avaro do seu tesouro, lhe deixarmos uma única e última jóia, ele não se livrará da avareza. Banidos todos os objetos de luxúria, calados todos os jovens num regime da mais severa disciplina monástica, será ainda assim impossível torná-los castos se já não chegaram castos ao retiro. Eis o cuidado e a sabedoria que se fazem necessários para a correta compreensão desse ponto. Suponhamos que fosse possível expulsar o pecado daquele modo. Percebe-se que, para cada medida de pecado que se expele, medida equivalente de virtude se expele, porque a substância de ambos é a mesma. Remover uma é remover as duas. Eis o que justifica a alta providência de Deus, que, embora ordene que se observem a temperança, a justiça e a continência, exibe diante de nós toda a abundância das

all desirable things, and gives us minds that can wander beyond all limit and satiety. Why should we then affect a rigor contrary to the manner of God and of nature, by abridging or scanting those means, which books freely permitted are, both to the triall of vertue and the exercise of truth? It would be better done to learn that the law must needs be frivolous which goes to restrain things uncertainly and yet equally working to good and to evill. And were I the chooser, a dram of well-doing should be preferr'd before many times as much the forcible hindrance of evill-doing. For God sure esteems the growth and compleating of one vertuous person more then the restraint of ten vitious. And albeit what ever thing we hear or see, sitting, walking, travelling, or conversing may be fitly call'd our book, and is of the same effect that writings are, yet grant the thing to be prohibited were only books, it appears that this order hitherto is far insufficient to the end which it intends. Do we not see, not once or oftner, but weekly that continu'd Courtlibell against the Parlament and City, Printed, as the wet sheets can witnes, and dispers't among us for all that licencing can doe? yet this is the prime service a man would think, wherein this order should give proof of it self. If it were executed, you'l say. But certain, if execution be remisse or blindfold now and in this particular, what will it be hereafter and in other books? If then

coisas desejáveis, e nos dá uma mente capaz de evadir para além de qualquer limite e satisfação. Por que, então, devemos afetar um rigor contrário à maneira de Deus e da natureza, abreviando ou reduzindo esses meios, que os livros possuem, de realizar a experiência da virtude e o exercício da verdade? Melhor teria sido aprender que a lei precisa ser frívola quando seu fim é reprimir as coisas, trabalho incerto tanto para o bem quanto para o mal. Se coubesse a mim escolher, eu diria que um pouco de bondade seria preferível à contenção pela força das más ações. Pois Deus estima bem mais o crescimento e a plenitude de uma só pessoa virtuosa do que o refreamento de dez pecadores. E embora tudo o que ouvimos ou vemos, sentados, andando, viajando, ou no trato social costumeiro possa ser com justiça chamado nosso livro, e tenha o mesmo efeito que os escritos; uma vez que se admita a interdição só de livros, parece que essa ordem é bastante insuficiente para o fim desejado. Pois não estamos vendo, não uma vez ou muitas vezes, mas toda semana, esse pasquim monárquico[89] que calunia e difama o Parlamento e a City? Impresso, e disso dão testemunho as folhas úmidas, e depois distribuído largamente entre nós nas barbas da censura? E, no entanto, poder-se-ia pensar que seria esse o primeiro serviço que a Ordenação prestaria à sociedade — mostrando a que veio. Sim, diriam os senhores, mas para isso seria necessário cumpri-la. Ora, se a execução é lenta e faz vista grossa, agora e nesse contexto, o que se poderá esperar dela no futuro e com relação a outros livros? Se a

the order shall not be vain and frustrat, behold a new labour, Lords and Commons: ye must repeal and proscribe all scandalous and unlicenc't books already printed and divulg'd; after ye have drawn them up into a list, that all may know which are condemn'd and which not; and ordain that no forrein books be deliver'd out of custody, till they have bin read over. This office will require the whole time of not a few overseers, and those no vulgar men. There be also books which are partly usefull and excellent, partly culpable and pernicious; this work will ask as many more officials to make expurgations and expunctions, that the Commonwealth of learning be not damnify'd. In fine, when the multitude of books encrease upon their hands, ye must be fain to catalogue all those Printers who are found frequently offending, and forbidd the importation of their whole suspected *typography.* In a word, that this your order may be exact, and not deficient, ye must reform it perfectly according to the model of *Trent* and *Sevil,* which I know ye abhorre to doe. Yet though ye should condiscend to this, which God forbid, the order still would be but fruitlesse and defective to that end whereto ye meant it. If to prevent sects and schisms, who is so unread or so uncatechis'd in story, that hath not heard of many sects refusing

Ordenação não deve tornar-se letra morta, um novo trabalho, Lordes e Comuns, vos aguarda: repelir e proscrever todos os livros de conteúdo escandaloso e publicação não-autorizada, embora impressos e distribuídos, não sem antes fazer uma lista deles, para que todos saibam quais os que foram condenados e quais os que não o foram. Em seguida, ordenar que nenhum livro estrangeiro seja posto em circulação antes de examinado. Esse serviço necessitará de todo o tempo de não poucos inspetores, os quais devem ser capacitados. Existem ainda livros úteis e até excelentes em parte, e em parte repreensíveis e perniciosos. Esse segundo trabalho de triagem exigirá ainda mais agentes, para os expurgos indispensáveis e as expunções, a fim de que a república das Letras não venha a sofrer dano. *In fine*, quando a montanha de livros desabar sobre a cabeça deles, o Parlamento terá de providenciar o levantamento de todas as gráficas e impressoras mais freqüentemente culpadas de infrações e negar licenças de importação para todo o seu material de impressão, suspeito de irregularidade. Em uma palavra: para que a ordem do Parlamento seja eficaz e não inócua, haverá que conformá-la com o modelo de Trento e de Sevilha[90], que sei vos causa horror. Mas concedendo que isso fosse feito por vós, o que Deus não permita aconteça, a Ordenação continuaria estéril e inadequada para a finalidade em questão. Se a idéia era impedir seitas e cismas, quem é tão ignorante de história e ruim de catecismo que nunca tenha ouvido falar de seitas que rejeitam os livros como um estorvo

books as a hindrance, and preserving their doctrine unmixt for many ages only by unwritt'n traditions. The Christian faith, for that was once a schism, is nor unknown to have spread all over *Asia,* ere any Gospel or Epistle was seen in writing. If the amendment of manners be aym'd at, look into Italy and Spain, whether those places be one scruple the better, the honester, the wiser, the chaster, since all the inquisitionall rigor that hath bin executed upon books.

Another reason, whereby to make it plain that this Order will misse the end it seeks, consider by the quality which ought to be in every licencer. It cannot be deny'd but that he who is made judge to sit upon the birth or death of books, whether they may be wafted into this world or not, had need to be a man above the common measure both studious, learned, and judicious; there may be else no mean mistakes in the censure of what is passable or not; which is also no mean injury. If he be of such worth as behoovs him, there cannot be a more tedious and unpleasing journey-work, a greater losse of time levied upon his head, then to be made the perpetuall reader of unchosen books and pamphlets, oftimes huge volumes. There is no book that is acceptable unlesse at certain seasons; but to be enjoyn'd the reading of that at all times, and in a hand scars legible, whereof three pages would not down at any time in the fairest Print, is an imposition which I cannot beleeve how he that values time and his own

e preservam sua doutrina pura e não contaminada através dos séculos por exclusiva tradição oral? A fé cristã, que foi, ela também, em certa época, cismática, disseminou-se por toda a Ásia, como é sabido, sem que qualquer evangelho ou epístola existisse. Se a idéia era a reforma dos costumes, atentai para a Itália e para a Espanha. Serão esses dois lugares melhores, mais honestos, mais sábios, mais castos, depois que o rigor da Inquisição se abateu sobre os livros?

Outro motivo irá tornar claro que essa Ordenação não alcançará os fins almejados: considere-se a competência que devem ter os censores. É indiscutível que aquele que deve julgar o nascimento ou a morte dos livros, se eles devem passar por este mundo ou não, necessita ser um homem de qualidades incomuns, ao mesmo tempo estudioso, culto e judicioso. Não poderão ocorrer erros mesquinhos na censura do que é aceitável ou não, e nem mesmo vil injustiça. Por mais consciencioso que seja, o censor achará sua missão desagradável, e uma grande perda de tempo. Ver-se-á transformado no perpétuo leitor de livros e panfletos que não escolheu, muitas vezes pesados volumes. Nenhuma obra é aceitável em todas as estações. Forçar alguém a se debruçar a qualquer hora sobre manuscrito específico, em caligrafia quase ilegível, quando por sua própria vontade não engoliria sequer três páginas do mesmo texto, ainda que lindamente impresso, é imposição que não sei como uma pessoa que dê valor ao seu tempo ou a seus

studies, or is but of a sensible nostrill, should be able to endure. In this one thing I crave leave of the present licencers to be pardon'd for so thinking; who doublesse took this office up looking on it through their obedience to the Parlament, whose command perhaps made all things seem easie and unlaborious to them; but that this short triall hath wearied them out already, their own expressions and excuses to them who make so many journeys to sollicit their licence, are testimony enough. Seeing therefore those who now possesse the imployment, by all evident signs wish themselves well ridd of it, and that no man of worth, none that is not a plain unthrift of his own hours is ever likely to succeed them, except he mean to put himself to the salary of a Presse-corrector, we may easily foresee what kind of licencers we are to expect hereafter, either ignorant, imperious, and remisse, or basely pecuniary. This is what I had to shew wherein this order cannot conduce to that end, whereof it bears the intention.

I lastly proceed from the no good it can do, to the manifest hurt it causes, in being first the greatest discouragement and affront that can be offer'd to learning and to learned men. It was the complain and lamentation of Prelats upon every least breath of a motion to remove pluralities and distribute more equally Church revennu's, that then all learning would be for ever dasht and discourag'd. But as for that opinion, I never found cause to think that the tenth part of

próprios estudos, e tenha narina sensível, é capaz de agüentar. Nesse particular, rogo que os atuais censores sejam perdoados por pensarem assim. Assumiram a obrigação, sem dúvida, em obediência ao Parlamento, cujo poder talvez faça a tarefa parecer fácil e descontraída para eles. Mas talvez essa curta experiência já os tenha esgotado. Suas próprias expressões e as desculpas que dão aos que vão procurá-los para liberar seus livros são prova suficiente desse fato. Vendo, então, que os atuais ocupantes do cargo manifestam, segundo tudo indica, o desejo de abandoná-lo; e convencido de que nenhum homem de algum mérito, cioso do seu tempo, se disponha a tomar-lhes o lugar, com um pífio salário de corretor de provas tipográficas, podemos facilmente prever que tipo de censores teremos de agora em diante: ignorantes, arrogantes, desleixados ou vergonhosamente mercenários. E era isso o que eu tentava demonstrar: que esta Ordenação conduz a esse resultado, por mais que sua intenção seja outra.

Passo, finalmente, do bem que esta não pode fazer ao mal que manifestamente fará, já que representa, antes de mais nada, um grande desencorajamento e uma afronta inimaginável ao saber e aos sábios. Com choro e ranger de dentes, nossos prelados sempre questionaram qualquer iniciativa parlamentar que ameaçasse acumulação de benefícios ou uma divisão mais justa das rendas da Igreja como coisa prejudicial e até calamitosa ao saber. De minha parte, jamais achei que a décima parte do

learning stood or fell with the Clergy; nor could I ever but hold it for a sordid and unworthy speech of any Churchman who had a competency left him. If therefore ye be loath to dishearten utterly and discontent, not the mercenary crew of false pretenders to learning, but the free and ingenuous sort of such as evidently were born to study and love lerning for it self, not for lucre or any other end but the service of God and of truth, and perhaps that lasting fame and perpetuity of praise which God and good men have consented shall be the reward of those whose publisht labours advance the good of mankind, then know, that so far to distrust the judgement and the honesty of one who hath but a common repute in learning and never yet offended, as not to count him fit to print his mind without a tutor and examiner, lest he should drop a scism or something of corruption, is the greatest displeasure and indignity to a free and knowing spirit that can be put upon him. What advantage is it to be a man over it is to be a boy at school, if we have only scapt the ferular to come under the fescu of an *Imprimatur?* if serious and elaborat writings, as if they were no more then the theam of a Grammar lad under his Pedagogue must not be utter'd without the cursory eyes of a temporizing and extemporizing licencer? He who is not trusted with his own actions, his drift not being known to be evill, and standing to the hazard of law and penalty, has no great argument to think himself reputed in the Commonwealth wherein he was born for other then a fool or a foreiner. When a man writes to the world, he summons up

saber estivesse ligada ao clero. A meu ver, um discurso desses é sórdido e indigno de qualquer eclesiástico que se queira competente. Se vos repugna desencorajar e contristar, não essa mercenária corja de falsos eruditos, mas aqueles tipos livres e engenhosos visivelmente nascidos para estudar e sinceramente interessados no saber pelo saber, e não para dele tirarem lucro, visando apenas ao serviço de Deus e da verdade e, talvez, àquela fama duradoura, o louvor eterno que Deus e os homens de bem prodigalizam àqueles cujo labor faz avançar o bem da humanidade — então sabei que pôr em dúvida o bom senso e a honestidade de alguém de reputação ilibada e jamais atacada, a ponto de julgar sua obra indigna de publicação sem o beneplácito de um tutor e examinador, como se ela fosse de fato capaz de disseminar um germe de corrupção ou provocar um cisma, é a pior ofensa e indignidade que se pode impor a alguém. Que vantagem tem o homem feito sobre o jovem estudante, se ele apenas escapou da palmatória para apanhar com a vara de um *imprimatur*? Que superioridade teria o adulto sobre o adolescente, se produções sérias e elaboradas não podem vir a lume sem passar antes pelo olhar superficial de um funcionário despreparado e inseguro? Aquele que não é levado a sério em sua ações, mas cuja intenção não é reconhecidamente má, e fica sujeito ao acaso da lei e do castigo, terá de concluir que o consideram, em sua própria terra, um idiota ou um estrangeiro. Quando um homem escreve para o mundo, ele chama ao seu auxílio

all his reason and deliberation to assist him; he searches, meditats, is industrious, and likely consults and conferrs with his judicious friends; after all which done he takes himself to be inform'd in what he writes as well as any that writ before him: if in this the most consummat act of his fidelity and ripenesse, no years, no industry, no former proof of his abilities can bring him to that state of maturity as not to be still mistrusted and suspected, unlesse he carry all his considerat diligence, all his midnight watchings, and expence of *Palladian* oyl, to the hasty view of an unleasur'd licencer, perhaps much his younger, perhaps far his inferiour in judgement, perhaps one who never knew the labour of book-writing, and if he be not repulst or slighted, must appear in Print like a punie with his guardian and his censors hand on the back of his title to be his bayl and surety, that he is no idiot or seducer, it cannot be but a dishonor and derogation to the author, to the book, to the priviledge and dignity of Learning. And what if the author shall be one so copious of fancie as to have many things well worth the adding come into his mind after licencing, while the book is yet under the Presse, which not seldom happ'ns to the best and diligentest writers; and that perhaps a dozen times in one book? The Printer dares not go

tudo o que tem de inteligência e reflexão. Pesquisa, medita, trabalha com afinco e, provavelmente, consulta e troca idéias com seus colegas judiciosos; e só então, quando se julga tão bem informado quanto os autores que o precederam, confia ele ao papel os seus pensamentos. Se, nesse ato consumado de fidelidade e maturidade intelectual, nem os anos, nem o trabalho, nem qualquer prova anterior de sua capacidade profissional pode darlhe aquele estado de excelência no qual alguém deixa de ver o objeto de desconfiança e suspeição, a menos que submeta os resultados de sua diligência, de suas vigílias, seu azeite de Palas[91] aos olhos apressados de um censor estafado, talvez muito mais moço, talvez inferior de muito a ele em competência, talvez de todo ignorante em matéria de escrever livros; se o censor não o repelir, nem fizer pouco dele, acabará editado, mas como uma criança pela mão do seu tutor e dos seus censores — e essa mão, pesando na lombada do seu livro, assim liberado sob caução e garantia de que o autor não é nenhum idiota ou perversor, configura desonra intolerável e atentado ao autor, ao livro e também às prerrogativas e à dignidade do saber. E mais: pode acontecer que o autor tenha uma tal abundância criativa que muitas coisas dignas de inclusão no texto lhe ocorram *a posteriori*, com a matéria já censurada, e o livro já em vias de impressão, coisa que costuma acontecer com alguma freqüência mesmo aos melhores e mais diligentes escritores, e até uma dúzia de vezes num mesmo livro. O impressor não ousa mexer no

beyond his licenc't copy; so often then must the author trudge to his leavegiver, that those his new insertions may be viewd; and many a jaunt will be made, ere that licencer, for it must be the same man, can either be found, or found at leisure; mean while either the Presse must stand still, which is no small damage, or the author loose his accuratest thoughts and send the book forth wors then he had made it, which to a diligent writer is the greatest melancholy and vexation that can befall. And how can a man teach with autority, which is the life of teaching, how can he be a Doctor in his book as he ought to be, or else had better be silent, whenas all he teaches, all he delivers, is but under the tuition, under the correction of his patriarchal licencer to blot or alter what precisely accords not with the hidebound humor which he calls his judgement; when every acute reader upon the first sight of a pedantick licence, will be ready with these like words to ding the book a coits distance from him: I hate a pupil teacher, I endure not an instructer that comes to me under the wardship of an overseeing fist; I know nothing of the licencer, but that I have his own hand here for his arrogance; who shall warrant me his judgement? The State Sir, replies the Stationer; but has a quick return, The State shall be my governours, but not my criticks; they may be mistak'n in the choice of a licencer as easily as this licencer may be mistak'n in an

exemplar já autorizado. O autor tem, então, de correr atrás daquele que lhe deu a autorização, para que as inserções possam ser objeto de exame. E quantas idas e vindas serão necessárias, pois tem de ser o mesmo homem, e cumpre descobri-lo, o que leva tempo. E enquanto isso, a impressora permanece parada, o que pode causar prejuízo considerável. Ou então o autor se desgarra da linha mestra de seus pensamentos e lança um livro inferior ao que de fato escreveu, o que é, para um autor exigente, a pior das vergonhas e mortificações possíveis. E como pode um homem ensinar com autoridade, que é a alma do ensino? Como pode ele ser perito nesse seu livro, que é como deve ser? Melhor seria que ficasse calado, quando tudo o que ensina, tudo o que demonstra está sob o jugo, sob a correção do seu patriarcal censor, que apaga ou altera o que não se ajustar precisamente com a carapaça temperamental a que ele chama sua faculdade de julgar. Todo leitor perspicaz, ao simples suspiro da censura de um pedante, fica louco para lançar o livro longe, dizendo palavras como: "Abomino o aprendiz de mestre; não suporto o professor que venha sob a tutela de um pulso forte. Ignoro tudo sobre o censor, dele só tenho a mão, que bem demonstra a sua arrogância. Quem me garante sua competência?" "O Estado, Sir", responde o editor, mas eu o contesto na hora: "Admito que o Estado me governe, mas não que me critique. O Estado pode errar na escolha do censor tão facilmente como o censor pode errar ao dizer de um

author: This is some common stuffe; and he might adde from Sir *Francis Bacon,* That *such authoriz'd books are but the language of the times.* For though a licencer should happ'n to be judicious more then ordnary, which will be a great jeopardy of the next succession; yet his very office and his commission enjoyns him to let passe nothing but what is vulgarly receiv'd already. Nay, which is more lamentable, if the work of any deceased author, though never so famous in his life time and even to this day, come to their hands for licence to be Printed or Reprinted, if there be found in his book one sentence of a ventrous edge, utter'd in the height of zeal, and who knows whether it might not be the dictat of a divine Spirit, yet not suiting with every low decrepit humor of their own, though it were *Knox* himself the Reformer of a Kingdom that spake it, they will not pardon him their dash; the sense of that great man shall to all posterity be lost for the fearfulnesse or the presumptuous rashnesse of a perfunctory licencer. And to what an author this violence hath bin lately done, and in what book of greatest consequence to be faithfully publisht, I could now instance, but shall forbear till a more convenient season. Yet if these things be not resented seriously and timely by them who have the remedy in their power, but that such iron moulds as these shall have autority to knaw out the choisest periods of exquisitest books, and to commit such a treacherous fraud against the orphan remainders of worthiest

autor: 'Isso é coisa sem grande valor'." E poderia até citar Sir Francis Bacon: "Livros autorizados mostram apenas a linguagem dos tempos."[92] Porque, embora mais atilado às vezes do que o comum dos censores, o que por si só já é um desafio para o seu sucessor, seu ofício e seu encargo o condenam a não deixar passar nada que escape à mediocridade geral. E mais lamentável ainda se a obra de algum autor defunto, embora não especialmente famoso em vida ou em nosso tempo, cair nas mãos dos censores para receber licença de impressão ou reimpressão! Não a obterá se for encontrada uma simples frase mais audaciosa, proferida no auge do entusiasmo ou soprada, quem sabe, por algum espírito divino, e não mais condizente com a baixa disposição caduca do espírito dos censores. Mesmo que o autor da dita obra fosse o próprio Knox[93], o reformador de um reino, eles não perdoariam o ímpeto. A sagacidade desse grande homem estaria perdida para a posteridade por causa da timidez ou da presunçosa temeridade de um censor perfunctório. Eu poderia dar como exemplo um autor contra o qual tal violência foi recentemente perpetrada[94] e cujo livro teria sido da maior importância editar sem mutilação. Guardo-me para fazê-lo em ocasião mais oportuna. E, todavia, se essas coisas não forem contidas seriamente e oportunamente por aqueles que têm o poder de remediá-las; se for permitido que corroam como a ferrugem trechos inteiros, da melhor qualidade, de obras famosas, e cometam assim atentado traiçoeiro contra o espólio órfão dos mais

men after death, the more sorrow will belong to that hapless race of men, whose misfortune it is to have understanding. Henceforth let no man care to learn, or care to be more then worldly wise; for certainly in higher matters to be ignorant and slothfull, to be a common stedfast dunce will be the only pleasant life and only in request. And as it is a particular disesteem of every knowing person alive, and most injurious to the writt'n labours and monuments of the dead, so to me it seems an undervaluing and vilifying of the whole Nation. I cannot set so light by all the invention, the art, the wit, the grave and solid judgement which is in England, as that it can be comprehended in any twenty capacities how good soever; much lesse that it should not passe except their superintendence be over it, except it be sifted and strain'd with their strainers, that it should be uncurrant without their manuall stamp. Truth and understanding are not such wares as to be monopoliz'd and traded in by tickets and statutes and standards. We must not think to make a staple commodity of all the knowledge in the Land, to mark and licence it like our broad cloath and our wooll packs. What is it but a servitude like that impos'd by the Philistims, not to be allow'd the sharpning of our own axes and coulters, but we must repair from all quarters to twenty licencing forges. Had any one writt'n and divulg'd erroneous things and scandalous to honest life,

nobres autores depois de sua morte, então mais dolorosa será a sina dessa raça de homens cuja desgraça é ter discernimento. Daqui em diante, ninguém dará importância a estudar ou saber mais do que o necessário. Porque é certo que ser ignorante e preguiçoso nas altas esferas, ou um asno imperturbável nas demais, constitui a melhor garantia de uma vida feliz. À afronta que a censura significa para cada cidadão, à injúria que representa às obras e monumentos escritos pelos mortos, parece-me corresponder um menosprezo e um aviltamento da Nação como um todo. Não posso concordar que se faça tão pouco caso do engenho, da arte, da sabedoria, do grave e sólido julgamento que existem na Inglaterra a ponto de que possam caber em vinte e poucas cabeças, por mais capacitadas que sejam. Muito menos admito que tudo aquilo só pudesse expressar-se sob a supervisão deles, depois de filtrado e peneirado, que nada tivesse curso sem o carimbo deles. Verdade e entendimento não são produtos que possam ser monopolizados e comercializados por meio de tíquetes e estatutos e padrões. Não podemos pensar em fazer de todo o conhecimento no país um produto vistoriado, sujeito a controle de qualidade, com estampilhas e licenças, como nossas casimiras ou nossos fardos de lã. Isso corresponde a uma servidão, como a que os filisteus impunham[95], de não poder afiar nossos machados e lâminas de arado exceto em vinte forjas licenciadas. Se alguém tivesse escrito e divulgado coisas errôneas e escandalosas sobre uma vida honesta, des-

misusing and forfeiting the esteem had of his reason among men, if after conviction this only censure were adjudg'd him, that he should never henceforth write but what were first examin'd by an appointed officer, whose hand should be annext to passe his credit for him that now he might be safely read, it could not be apprehended lesse then a disgracefull punishment. Whence to include the whole Nation, and those that never yet thus offended, under such a diffident and suspectfull prohibition, may plainly be understood what a disparagement it is. So much the more, when as debtors and delinquents may walk abroad without a keeper, but unoffensive books must not stirre forth without a visible jaylor in thir title. Nor is it to the common people lesse then a reproach; for if we so jealous over them as that we dare not trust them with an English pamphlet, what doe we but censure them for a giddy, vitious, and ungrounded people, in such a sick and weak estate of faith and discretion, as to be able to take nothing down but through the pipe of a licencer? That this is care or love of them, we cannot pretend, whenas in those Popish places where the Laity are most hated and despis'd the same strictne is us'd over them. Wisdom we cannot call it, because it stops but one breach of licence, nor that neither; whenas those corruptions which it seeks

merecendo a reputação que sua inteligência lhe conquistara entre os homens; se, devidamente condenado, ficasse ele proibido de publicar pelo resto da vida sem que seu texto fosse previamente examinado por um censor oficial, cuja assinatura avalizaria a sua, afiançando ao público que ele podia ser lido sem perigo — seria possível ver nisso outra coisa a não ser uma punição desonrosa? Incluir, agora, toda a Nação, mesmo aqueles que nunca cometeram a mesma ofensa, em tal proibição vergonhosa, só pode ser considerado como degradante. Tanto mais que devedores e delinqüentes têm garantido seu direito de ir e vir sem a companhia de um policial, porém livros inofensivos não podem mover-se sem um carcereiro ostensivo a vigiar seu título. Para as pessoas comuns, isso constitui uma desgraça. Desconfiarmos delas a ponto de não podermos deixar que leiam um simples panfleto inglês corresponde a passar-lhes um atestado de ignomínia: serão pessoas levianas, imorais, sem formação sólida, doentes e debilitadas, num estado de tão pouca fé e fraco discernimento, que não seriam capazes de engolir o que quer que fosse a não ser pelo tubo de um censor. Que isso signifique cuidado ou amor por elas não é coisa que possamos pretender. Ocorre, aliás, que nos setores papistas, onde o laicismo é mais odiado e desprezado, o mesmo rigor é usado contra elas. Não podemos chamar de sábia a essa política, pois que ela fecha apenas uma das brechas do abuso, e essa mesma nem tão completamente assim; muitas corrupções que queremos

to prevent, break in faster at other dores which cannot be shut.

And in conclusion it reflects to the disrepute of our Ministers also, of whose labours we should hope better, and of the proficiencie which thir flock reaps by them: then that after all this light of the Gospel which is, and is to be, and all this continuall preaching, they should be still frequented with such an unprincipl'd, unedify'd, and laick rabble, as that the whiffe of every new pamphlet should stagger them out of thir catechism and Christian walking. This may have much reason to discourage the Ministers when such a low conceit is had of all their exhortations and the benefiting of their hearers, as that they are not thought fit to be turn'd loose to three sheets of paper without a licencer; that all the Sermons, all the Lectures preacht, printed, vented in such numbers and such volumes as have now well-nigh made all other books unsalable, should not be armor anough against one single *enchiridion,* without the castle St. *Angelo* of an *Imprimatur.*

And lest som should perswade ye, Lords and Commons, that these arguments of lerned mens discouragement at this your order, are meer flourishes and not reall, I could recount what I have seen and heard in other Countries, where this kind of inquisition tyrannizes; when I have sat among their lerned men, for that honor I had, and bin counted happy to be born in such a place of *Philosophic* freedom as they

prevenir se precipitam com mais rapidez ainda por outras portas que não podem ser fechadas.

Em conclusão, o caso também lança ao descrédito os nossos pastores, de cuja atuação e proficiência com que cuidam do rebanho poder-se-ia esperar muito mais. Afinal, depois de toda essa pregação ininterrupta da luz do Evangelho, que, segundo a promessa, prevalecerá, causa espécie que a clientela dos ministros seja ainda a mesma ralé sem princípios e sem integridade a que o sopro de um novo panfleto faz esquecer o catecismo e os mandamentos cristãos. Pode ser essa a razão pela qual os pastores são tão desencorajados, se é tão baixo o conceito que os leigos têm das suas prédicas, se é convicção geral que um auditório por eles formado não pode ler três folhas de papel não censuradas sem fraquejar na fé; que todos os sermões, todas as prédicas, pregadas, impressas, vendidas em tais números e em tais volumes, a ponto de terem feito todos os demais livros invendáveis, não bastam para couraçá-los contra um único manual[96] sem o Castelo Sant'Angelo de um *imprimatur*[97].

Temendo que alguns vos queiram persuadir, Lordes e Comuns, de que esses argumentos, nascidos do desencanto de homens de saber em face da vossa Ordenação, sejam meros floreios da pena, passo a relatar o que vi e ouvi em outros países, nos quais essa mesma espécie de inquisição tiraniza. Quando freqüentei seus intelectuais — pois essa honra eu tive —, fui considerado um felizardo por haver nascido em um lugar onde a liberdade filo-

suppos'd England was, while themselvs did nothing but bemoan the servil condition into which lerning amongst them was brought; that this was it which had dampt the glory of Italian wits, that nothing had bin there writt'n now these many years but flattery and fustian. There it was that I found and visited the famous *Galileo* grown old, a prisoner to the Inquisition, for thinking in Astronomy otherwise then the Franciscan and Dominican licencers thought. And though I knew that England then was groaning loudest under the Prelaticall yoak, neverthelesse I tooke it as a pledge of future happines, that other Nations were so perswaded of her liberty. Yet was it beyond my hope that those Worthies were then breathing in her air, who should be her leaders to such a deliverance as shall never be forgott'n by any revolution of time that this world hath to finish. When that was once begun, it was as little in my fear, that what words of complaint I heard among lerned men of other parts utter'd against the Inquisition, the same I should hear by as lerned men at home utter'd in time of Parlament against an order of licencing; and that so generally, that when I disclos'd my self a companion of their discontent, I might say, if without envy, that he whom an honest *quaestorship* had indear'd to the *Sicilians*, was not more by them importun'd against *Verres* then the favourable opinion which I had among many who honour ye and are known and respected by ye, loaded me with entreaties and perswasions, that I would not despair to lay together that which just reason should bring into my mind toward the removal of

sófica imperava, pois assim pensavam eles da Inglaterra, enquanto lamentavam sem cessar a condição servil em que se encontrava o conhecimento entre eles. Atribuíam justamente a isso o esmorecimento das glórias da Itália, onde nada agora se escrevia que não fosse bajulação e prosa empolada. Foi nesse período que visitei o famoso Galileu, já velho e prisioneiro da Inquisição, por sustentar em Astronomia posição divergente da que mantinham os censores franciscanos e dominicanos. E embora eu soubesse que, àquela altura, a Inglaterra gemia alto sob o jugo eclesiástico, tomei como promessa de felicidade que outras Nações estivessem assim persuadidas sobre o valor da liberdade. Se bem que estivesse longe de acreditar que os luminares capazes de operar essa mudança já estivessem respirando o seu ar, que deveria conduzi-los a uma mudança e libertação que nenhuma revolução, ainda por vir, fará esquecer. E eu confiava que, uma vez começada a mudança, as mesmas queixas ouvidas por mim da parte dos sábios estrangeiros contra a Inquisição eu ouviria aqui, da boca de nossos próprios sábios, com o Parlamento funcionando contra uma Ordenação de censura prévia[98]. Queixas tão generalizadas que, quando eu mesmo revelasse pensar de forma semelhante, poderia afirmar, sem despertar inveja, que aquele questor cuja honestidade conquistou os sicilianos[99] não foi mais importunado a agir contra Verres do que eu, dada a boa reputação de que gozo junto de muitos que vos honram e que vós conheceis e respeitais, e que me ajudavam a perseverar, arregimentando argumentos em favor da remoção de

an undeserved thraldom upon lerning. That this is not therefore the disburdning of a particular fancie, but the common grievance of all those who had prepar'd their minds and studies above the vulgar pitch to advance truth in others and from others to entertain it, thus much may satisfie. And in their name I shall for neither friend nor foe conceal what the generall murmur is; that if it come to inquisitioning again and licencing, and that we are so timorous of our selvs, and so suspicious of all men, as to fear each book, and the shaking of every leaf, before we know what the contents are, if some who but of late were little better then silenc't from preaching, shall come now to silence us from reading except what they please, it cannot be guest what is intended by som but a second tyranny over learning; and will soon put it out of controversie that Bishops and Presbyters are the same to us both name and thing. That those evills of Prelaty which before from five or six and twenty Sees were distributivly charg'd upon the whole people, will now light wholly upon learning, is not obscure to us: whenas now the Pastor of a small unlearned Parish on the sudden shall be exalted Archbishop over a large dioces of books, and yet not remove, but keep his other cure too, a mysticall pluralist. He who but of late cry'd down the sole ordination of every novice Batchelor of Art, and deny'd sole jurisdiction

tamanha servidão imposta ao saber. O que basta para provar que não se tratava da satisfação de uma fantasia pessoal, mas de um reclamo comum de todos os que elevaram seus pensamentos e estudos acima do nível comum, a fim de promover a verdade no espírito dos outros e acolher a que dos outros viesse, com grande benefício. E em nome deles não esconderei do amigo ou do inimigo o que por toda parte se murmura: se se trata novamente de inquisição e censura; se temos medo de nós mesmos; se suspeitamos de todos os homens, como tememos cada livro, e receamos o tremor de toda folha de livro antes de conhecermos o que neles se contém; se é preciso que certas pessoas, que ainda há pouco estavam praticamente silenciadas e proibidas de pregar, se arroguem agora o direito de nos impedir de ler exceto o que for de seu agrado, só nos resta imaginar que o que se deseja é uma segunda tirania sobre o saber. E isso logo nos levará a concluir que bispos e presbíteros são para nós uma só e mesma coisa. Ficou claro para nós que os males da prelazia, que eram cobrados de todo o povo de vinte e cinco a vinte e seis sés, vão recair agora exclusivamente sobre o mundo do saber: doravante, o pastor de uma pequena paróquia inculta poderá ser elevado de súbito a importante arcebispo e governar uma vasta diocese de livros, sem ter, por isso, de abandonar o outro cargo, com suas vantagens, o que fará dele um pluralista místico. Aquele que, ainda recentemente, denunciava a concessão do bacharelado a todo e qualquer presbítero ordenado e recusava simultaneamente reconhecer-lhe jurisdição

over the simplest Parishioner, shall now at home in his privat chair assume both these over worthiest and excellentest books and ablest authors that write them. This is not, Yee Covenants and Protestations that we have made, this is not to put down Prelaty; this is but to chop an Episcopacy; this is but to translate the Palace *Metropolitan* from one kind of dominion into another; this is but an old cannonicall slight of *commutting* our penance. To startle thus betimes at a meer unlicenc't pamphlet will after a while be afraid of every conventicle, and a while after will make a conventicle of every Christian meeting. But I am certain that a State govern'd by the rules of justice and fortitude, or a Church built and founded upon the rock of faith and true knowledge, cannot be so pusillanimous. While things are yet not constituted in Religion, that freedom of writing should be restrain'd by a discipline imitated from the Prelats and learnt by them from the Inquisition, to shut us up all again into the brest of a licencer, must needs give cause of doubt and discouragement to all learned and religious men. Who cannot but discern the finenes of this politic drift, and who are the contrivers: that while Bishops were to be baited down, then all Presses might be open; it was the people's birthright and priviledge in time of Parlament, it was the breaking forth of light? But now the Bishops abrogated and voided out of the Church, as if

sobre o mais humilde dos seus novos paroquianos, assumirá hoje, no recolhimento dos seus aposentos privados, o poder de aprovar ou rejeitar os melhores e mais notáveis livros e autores. Isso não significa absolutamente, apesar dos Pactos e dos Protestos[100] que fizemos, um rebaixàmento das prelazias, mas uma simples troca do Episcopado, uma simples transferência do Palácio Metropolitano[101] de uma espécie de domínio para outra; o que não passa de um velho estratagèma canônico para comutar nossa penitência. Ver com tanto espanto um simples panfleto pelo fato de não haver sido autorizado, nos levará em breve a ver com alarme qualquer reunião clandestina, e mais tarde transformará qualquer encontro cristão numa reunião secreta. Mas estou certo de que um Estado governado segundo as normas da justiça e da constância, ou uma Igreja alicerçada na rocha da fé e do verdadeiro conhecimento não podem ser tão pusilânimes. Numa fase em que a religião não está de todo constituída, será motivo de dúvida e desencorajamento para todos os homens instruídos e religiosos que a liberdade de escrever fique tolhida por uma disciplina imitada aos prelados, e aprendida por eles da Inquisição, que consiste em nos calarmos de novo sob a autoridade despótica de um censor. Quem poderia deixar de ver, na sutileza dessa manobra política, quem são os que a conceberam? Enquanto se tratava de espicaçar os bispos[102], todas as prensas podiam funcionar. Era direito inato e privilégio do povo sob a normalidade do Parlamento? Era a luz que se fazia? Mas agora que os bispos foram postos fora da lei e expulsos da Igreja, como se

our Reformation sought no more but to make room for others into their seats under another name, the Episcopall arts begin to bud again, the cruse of truth must run no more oyle, liberty of Printing must be enthrall'd again under a Prelaticall commission of twenty, the privilege of the people nullify'd, and which is wors, the freedom of learning must groan again and to her old fetters, all this the Parlament yet sitting. Although their own late arguments and defences against the Prelats might remember them that this obstructing violence meets for the most part with an event utterly opposite to the end which it drives at: instead of suppressing sects and schisms, it raises them and invests them with a reputation. *The punishing of wits enhaunces their autority*, saith the Vicount St. *Albans, and a forbidd'n writing is thought to be a certain spark of truth that flies up in the faces of them who seeke to tread it out.* This order therefore may prove a nursing mother to sects, but I shall easily shew how it will be a step-dame to Truth: and first by disinabling us to the maintenance of what is known already:

Well knows he who uses to consider, that our faith and knowledge thrives by exercise as well as our limbs and complexion. Truth is compar'd in Scripture to a streaming fountain; if her waters flow not in a perpetuall progression, they sick'n into a muddy pool of conformity and tradition.

nossa Reforma não pretendesse mais do que substituí-los por outros, nos mesmos assentos, com outros nomes; agora que as artes episcopais começam a florir de novo, a jarra da verdade não verterá mais azeite[103], a liberdade de imprimir terá de ficar novamente sujeita a uma comissão prelatícia de vinte membros, a prerrogativa do povo abolida e, o que é pior ainda, a liberdade de aprender deverá gemer de novo, agrilhoada pelos mesmos velhos ferros. E tudo isso com o Parlamento em sessão. Embora seus próprios, tardios argumentos e defesas contra os bispos pudessem servir para lembrar-lhes que dessa vergonhosa violência resulta, na maioria dos casos, um fato em tudo contrário ao que se pretendia obter, em vez de suprimir seitas e cismas, ela os provoca e os investe de uma reputação: "Punir o talento realça a autoridade deles", como disse o Visconde de St. Albans[104], "e um texto censurado é como que uma centelha de verdade que salta nos rostos dos que procuram apagá-la com o pé." Essa Ordenação, portanto, pode revelar-se uma mãe protetora para as seitas, mas vou mostrar facilmente que, para a verdade, ela será madrasta. Em primeiro lugar, fazendo-nos incapazes de conservar o saber já adquirido.

Todo aquele que tem o hábito da reflexão sabe que nossa fé e nosso conhecimento se beneficiam e fortalecem com o exercício, tanto quanto nossos membros e nossa compleição. A verdade é comparada nas Escrituras a uma fonte que jorra. Quando suas águas não correm numa progressão perpétua, degeneram em uma poça lodosa e estagnada de conformismo e tradição. Um

A man may be a heretick in the truth; and if he beleeve things only because his Pastor sayes so, or the Assembly so determins, without knowing other reason, though his belief be true, yet the very truth he holds becomes his heresie. There is not any burden that som would gladier post off to another then the charge and care of their Religion. There be, who knows not that there be, of Protestants and professors who live and dye in as arrant an implicit faith as any lay Papist of Loretto. A wealthy man addicted to his pleasure and to his profits finds Religion to be a traffick so entangl'd and of so many pidling accounts, that of all mysteries he cannot skill to keep a stock going upon that trade. What shoulde he doe? Fain he would have the name to be religious, fain he would bear up with his neighbours in that. What does he therefore but resolvs to give over toyling, and to find himself out som factor, to whose care and credit he may commit the whole managing of his religous affairs, som Divine of note and estimation that must be. To him he adheres, resigns the whole ware-house of his religion with all the locks and keyes into his custody; and indeed makes the very person of that man his religion; esteems his associating with him a sufficient evidence and commendatory of his own piety. So that a man may say his religion is now no more within himself, but is becom a dividuall movable, and goes and comes neer him according as that good man frequents the house. He entertains him, gives him gifts, feasts him, lodges him; his religion comes home at night, praies, is liberally supt, and sumptuously laid to sleep, rises, is saluted, and

homem pode ser herético na verdade; se crê nas coisas apenas porque seu pastor lhe diz ou por determinação da Assembléia, sem conhecer outro motivo, embora sua crença seja verdadeira, essa verdade mesma que ele sustenta se torna sua heresia. Não há fardo mais pesado do que passar para os ombros de outra pessoa a carga da religião. Existem, e quem não sabe disso, protestantes e mestres que vivem e morrem em tal cegueira de fé implícita[105] que se parecem aos papistas leigos de Loreto[106]. Um homem rico, apegado a seus prazeres e a seus lucros, vê a religião como um tráfico tão emaranhado e de contas tão pormenorizadas que, de todos os segredos do negócio, ele não consegue recompor a contento o seu estoque. Que fazer? Agrada-lhe a fama de ser homem piedoso e temente a Deus, agrada-lhe igualar-se, nesse particular, aos seus vizinhos. Em conseqüência, desiste de trabalhar e procura encontrar alguém a quem possa entregar o governo da sua vida religiosa. Um clérigo de fama é o ideal. A essa figura ele adere, entrega-lhe toda a parafernália da sua religião, com as chaves de todas as fechaduras e cadeados. A rigor, ele faz dessa pessoa a sua religião. Entende que a simples associação com ela é prova cabal e suficiente da própria piedade. Assim, esse homem poderá dizer que sua religião já não está no seu íntimo, mas tornou-se como que um bem móvel, dotado da faculdade de ir e vir perto dele, ao sabor das visitas do santo, que lhe freqüenta a casa. Ele o recebe, festeja-o, presenteia-o, hospeda-o. Sua religião volta para casa à noite, reza, ceia lautamente, e é posta para dormir. De manhã, levanta-se, é saudada e

after the malmsey, or some well spic't bruage, and better breakfasted then he whose morning appetite would have gladly fed on green figs between *Bethany* and *Ierusalem*, his Religion walks abroad at eight, and leavs his kind entertainer in the shop trading all day without his religion.

Another sort there be who when they hear that all things shall be order'd, all things regulated and setl'd, nothing writt'n but what passes through the custom-house of certain Publicans that have the tunaging and the poundaging of all free spok'n truth, will strait give themselvs up into your hands, mak'em and cut'em out what religion ye please. There be delights, there be recreations and jolly pastimes that will fetch the day about from sun to sun, and rock the tedious year as in a delightfull dream. What need they torture their heads with that which others have tak'n so strictly and so unalterably into their own pourveying? These are the fruits which a dull ease and cessation of our knowledge will bring forth among the people. How goodly, and how to be wisht were such an obedient unanimity as this, what a fine conformity would it starch us all into? Doubtles a stanch and solid peece of framework as any January could freeze together.

Nor much better will be the consequence ev'n among the Clergy themselvs. It is no new thing never heard of before for a *parochiall* Minister, who has his reward and is at his *Hercules* pillars in a warm benefice, to be easily inclinable, if he have nothing else

prova da malvasia que lhe oferecem, ou toma alguma beberagem aromatizada. Fica melhor alimentado do que aquele cujo apetite se daria por satisfeito se comesse alguns figos verdes entre Betânia e Jerusalém[107]. Sua religião sai às oito horas e deixa seu amável anfitrião na loja, negociando o dia todo sem sua religião.

Há também gente de outra espécie que, sabendo que tudo estará em ordem, todas as coisas resolvidas e organizadas, e que nada será escrito que não passe pela alfândega de certos publicanos, a quem incumbe taxar e cobrar[108] toda verdade livremente expressa, logo se entregam em vossas mãos — cortando-lhes e servindo-lhes o que à religião aprouver. Haverá prazeres, haverá recreações e divertidos passatempos que se encarregarão de fazer passar o dia, de sol a sol, e embalarão o tedioso ano num sonho delicioso. Por que precisariam torturar a cabeça com aquilo de que os outros se apropriaram tão a sério e tão imutavelmente? Esses são os frutos que uma concordância obtusa e uma suspensão do nosso entendimento podem produzir entre o povo. Como seria bom e desejável que houvesse unanimidade na obediência. Em que belo conformismo isso nos petrificaria. Sem dúvida, ficaríamos reduzidos a uma sólida e firme carcaça como a que nenhum frio conseguiria congelar.

As conseqüências não seriam melhores nem mesmo entre os membros do clero. Não é novidade para um pároco que tem suas prebendas, e está entre as colunas de Hércules[109], inclinar-se, à falta de outra coisa que lhe

that may rouse up his studies, to finish his circuit in an English concordance and a *topic folio,* the gatherings and savings of a sober graduatship, a *Harmony* and a *Catena,* treading the constant round of certain common doctrinall heads, attended with their uses, motives, marks and means, out of which as out of an alphabet or sol fa by forming and transforming, joyning and disjoyning variously a little book-craft, and two hours meditation might furnish him unspeakably to the performance of more then a weekly charge of sermoning, not to reck'n up the infinit helps of interlinearies, breviaries, *synopses,* and other loitering gear. But as for the multitude of Sermons ready printed and pil'd up, on every text that is not difficult, our London trading St. *Thomas* in his vestry, and adde to boot St. *Martin,* and St. *Hugh*, have not within their hallow'd limits more vendible ware of all sorts ready made; so that penury he never need fear of Pulpit proovision, having where so plenteously to refresh his magazin. But if his rear and flanks be not impal'd, if his back dore be not secur'd by the rigid licencer, but that a bold book may now and then issue forth, and give the assault to some of his old collections in their trenches, it will concern him then to keep waking, to stand in watch, to set good guards and sentinells about his receiv'd opinions, to walk the round and counterround with his fellow inspectors, fearing lest any of his flock be seduc't, who also then would be bet-

estimule a pesquisa, a concluir seus estudos com uma tradução inglesa[110] e um livro de notas, com o acervo e as economias de uma sóbria carreira acadêmica, uma harmonia e uma catena[111], passando e repassando certos temas correntes de doutrina, com seus usos, motivos, símbolos e meios. Desse conjunto, como de uma alfabeto ou de uma escala musical, formando e transformando, unindo e desunindo, ele extrai, com algum conhecimento e duas horas de meditação, riquezas suficientes para nutrir mais do que uma semana de sermões. Para não falar na ajuda infinita de glosas, entrelinhas, breviários, sinopses e ociosidades afins. No que se refere à massa de sermões impressos e empilhados sobre todo texto menos difícil da Escritura, nosso mercado londrino de St. Thomas, em sua própria sacristia, e ainda St. Martin e St. Hugh[112] não têm, no interior dos seus sagrados limites, artigos para uso imediato que se vendam melhor do que esses. Assim que a penúria de provisões para o púlpito não provoca aflição, haja vista as fontes tão variadas para renovar sua loja. Mas se sua retaguarda e seus flancos não estão guarnecidos; se sua porta dos fundos não foi aferrolhada pelo rígido censor, e um livro mais audacioso consegue de quando em vez infiltrar-se e partir ao assalto de algumas de suas velhas coleções entrincheiradas nas estantes, então ele terá de vigiar, de pôr guardas e sentinelas em torno das opiniões que recebeu, de patrulhar os arredores, indo e vindo com os demais inspetores, no temor de que alguma ovelha do seu rebanho se descami-

ter instructed, better exercis'd and disciplin'd. And God fend that the fear of this diligence which must then be us'd, doe not make us affect the lazines of a licencing Church.

For if we be sure we are in the right, and doe not hold the truth guiltily, which becomes not, if we ourselves condemn not our own weak and frivolous teaching, and the people for an untaught and irreligious gadding rout, what can be more fair then when a man judicious, learned, and of a conscience, for ought we know, as good as theirs that taught us what we know, shall not privily from house to house, which is more dangerous, but openly by writing publish to the world what his opinion is, what his reasons, and wherefore that which is now thought cannot be sound? Christ urg'd it as wherewith to justifie himself, that he preacht in publick; yet writing is more publick then preaching, and more easie to refutation, if need be, there being so many whose businesse and profession meerly it is, to be the champions of Truth; which if they neglect, what can be imputed but their sloth, or inabilty?

Thus much we are hinder'd and dis-inur'd by this cours of licencing towards the true knowledge of what we seem to know. For how much it hurts and hinders the licencers themselves in the calling of their Ministery, more then any secular employment, if they will discharge that office as they ought, so that of necessity they must neglect either the one duty or the other, I insist not, because it is a particular, but leave it to their

nhe. E, se isso acontecer, terá de instruí-la melhor, exercitando-a e dissimulando-a mais. E queira Deus que o temor de um tal controle que será necessário utilizar não nos faça preferir a indolência de uma Igreja de censores.

Porque se estamos certos de ter razão, sem qualquer ranço de culpa; se nós não condenamos nem nosso próprio ensino, por fraco e frívolo; nem o povo, como malta ignara e ímpia, o que haverá, então, de mais legítimo do que um homem judicioso e letrado, e de consciência, além do mais, tão boa quanto a dos que nos ensinaram o que sabemos, divulgar sua opinião, não de casa em casa, o que é mais perigoso, mas abertamente, escrevendo e divulgando ao mundo qual é a sua opinião, quais são os seus argumentos e quais os motivos a indicar que o que se ensina hoje não pode ter fundamento? Cristo dizia, para justificar-se, que pregava em público[113]. Porém, o escrito é mais público do que a pregação. E mais fácil de refutar, se for o caso, uma vez que são numerosos aqueles que têm por atividade e profissão atuar como campeões da verdade. Se eles descuram do seu ofício, o que lhes poderá ser imputado, a não ser sua preguiça ou incompetência?

Eis a que ponto somos obstruídos e retardados por esse sistema de censura na busca do verdadeiro conhecimento. Quanto ferem e obstruem os próprios censores no exercício do seu ministério, muito mais do que o de qualquer outro emprego secular, caso queiram desempenhá-lo com seriedade, é tema sobre o qual não insistirei. É assunto de foro íntimo, que deixo à cons-

own conscience, how they will decide it there. There is yet behind of what I purpos'd to lay open, the incredible losse and detriment that this plot of licencing puts us to. More then if som enemy at sea should stop up all our hav'ns and ports and creeks, it hinders and retards the importation of our richest Marchandize, Truth; nay, it was first establisht and put in practice by Antichristian malice and mystery on set purpose to extinguish, if it were possible, the light of Reformation, and to settle falshood, little differing from that policie wherewith the Turk upholds his *Alcoran* by the prohibition of Printing. 'Tis not deny'd, but gladly confest, we are to send our thanks and vows to heav'n louder then most of Nations for that great measure of truth which we enjoy, especially in those main points between us and the Pope with his appertinences the Prelats; but he who thinks we are to pitch our tent here, and have attain'd the utmost prospect of reformation, that the mortalle glasse wherein we contemplate can shew us, till we come to *beatific* vision, that man by this very opinion declares that he is yet farre short of Truth.

Truth indeed came once into the world with her divine Master, and was a perfect shape most glorious to look on; but when he ascended, and his Apostles after him were laid asleep, then strait arose a wicked race of deceivers, who, as that story goes of the *Ægyptian Typhon* with his conspirators how they dealt with the

ciência e à decisão de cada um. Existe ainda, por trás do que me propus a dizer abertamente, o prejuízo incalculável e o dano que essa conspiração da censura nos causa. É mais grave do que a de um inimigo que nos impusesse um bloqueio marítimo de todas as nossas baías e portos e estuários. Obstrui e retarda a importação da nossa mais rica mercadoria, a verdade. E mais ainda: a censura foi instituída e, depois, posta em prática pelo mistério e pela malícia anticristã com o firme propósito de extinguir, se possível fosse, a luz da Reforma e instaurar a falsidade. O que pouco difere da política que os turcos empregam para sustentar o seu Corão: proibir a impressão de livros[114]. Sem negar que assim seja, confessamos com alegria que damos graças aos céus em altos brados, mais altos do que os da maioria das Nações, pelo grau de verdade de que gozamos, especialmente naqueles pontos que nos separam do Papa, com seus subalternos, os prelados; mas quem pensa que vamos acampar aqui, tendo alcançado a maior visão da Reforma que o espelho mortal nos pode revelar, enquanto não chegamos à visão beatífica, está manifestando, com essa opinião, o quão longe se encontra da verdade.

A verdade de fato veio uma vez ao mundo com seu divino Mestre e tinha uma forma tão perfeita que era uma glória contemplá-la. Mas quando Ele ascendeu aos céus, e seus apóstolos, depois d'Ele, adormeceram também, surgiu logo uma raça perversa de impostores, os quais, como conta a história do egípcio Tífon[115] e seus conspiradores sobre o que fizeram do corpo do

good *Osiris,* took the virgin Truth, hewd her lovely form into a thousand peeces, and scatter'd them to the four winds. From that time ever since, the sad friends of Truth, such as durst appear, imitating the carefull search that *Isis* made for the mangl'd body of *Osiris,* went up and down gathering up limb by limb still as they could find them. We have not yet found them all, Lords and Commons, nor ever shall doe, till her Masters second comming; he shall bring together every joynt and member, and shall mould them into an immortall feature of loveliness and perfection. Suffer not these licencing prohibitions to stand at every place of opportunity forbidding and disturbing them that continue seeking, that continue to do our obsequies to the torn body of our martyr'd Saint. We boast our light; but if we look not wisely on the Sun it self, it smites us into darknes. Who can discern those planets that are oft *Combust,* and those stars of brightest magnitude that rise and set with the Sun, untill the opposite motion of their orbs bring them to such a place in the firmament, where they may be seen evning or morning? The light which we have gain'd, was giv'n us, not to be ever staring on, but by it to discover onward things more remote from our knowledge. It is not the unfrocking of a Priest, the unmitring of a Bishop, and the removing him from off the *Presbyterian* shoulders that will make us a happy Nation; no, if other things as great in the Church and in the rule of

bom Osíris, apoderaram-se da virgem verdade, esquartejaram em mil pedaços as suas belas formas, e espalharam-nas aos quatro ventos. Desde então, os tristes amigos da verdade, que ousaram mostrar-se, procuraram recolher seus membros parte por parte, a exemplo de Ísis, que recompôs o corpo retalhado de Osíris, ao encontrar seus pedaços. Nós ainda não conseguimos encontrá-los todos, Lordes e Comuns, e jamais os teremos reunidos até a segunda vinda do Mestre. Ele, sim, reunirá cada articulação e cada membro, e os amoldará numa configuração imortal de formosura e perfeição. Que esses interditos da censura não sejam encontrados a todo momento, impedindo e perturbando aqueles que continuam a buscar, que continuam a rezar diante do corpo esquartejado da nossa santa martirizada. Nós nos gabamos da nossa luz. Mas se fitamos o sol sem os necessários cuidados, o sol nos precipita na escuridão. E quem será capaz de discernir quais os planetas que são de combustão[116] e as estrelas de primeira grandeza que se erguem e se põem com o sol até que o movimento inverso de suas órbitas as leve a um ponto do firmamento em que sejam visíveis de noite ou de dia? A luz que delas ganhamos não nos foi dada como alvo eterno para a contemplação embevecida, mas para que possamos descobrir, muito além dela, outras coisas que escapam ao nosso conhecimento. Não será o fato de privarmos um padre da sua batina ou um bispo da sua mitra, livrando o peso deles dos ombros dos presbiterianos, que fará de nós uma Nação mais feliz, enquanto outras coisas, tão relevantes para a Igreja e para as normas da vida

life both economicall and politicall be not lookt into and reform'd, we have lookt so long upon the blaze that *Zuinglius* and *Calvin* hath beacon'd up to us, that we are stark blind. There be who perpetually complain of schisms and sects, and make it such a calamity that any man dissents from their maxims. 'Tis their own pride and ignorance which causes the disturbing, who neither will hear with meeknes nor can convince; yet all must be supprest which is not found in their *Syntagma.* They are the troublers, they are the dividers of unity, who neglect and permit not others to unite those dissever'd peeces which are yet wanting to the body of Truth. To be still searching what we know not by what we know, still closing up truth to truth as we find it (for all her body is *homogeneal*, and proportionall), this is the golden rule in *Theology* as well as in Arithmetick, and makes up the best harmony in a Church, not the forc't and outward union of cold and neutrall and inwardly divided minds.

Lords and Commons of England, consider what Nation it is wherof ye are and wherof ye are the governours: a Nation not slow and dull, but of a quick, ingenious, and piercing spirit, acute to invent, suttle and sinewy to discours, not beneath the reach of any point the highest that human capacity can soar to. Therefore the studies of learning in her deepest Sciences have bin so ancient and so eminent among us, that Writers of good antiquity and ablest judgement

econômica e política não sejam objeto de investigação e de reforma. Contemplamos com tal fixidez e por tanto tempo os fogos que Zwinglio e Calvino acenderam ao longo do nosso caminho que estamos cegos. Há quem se queixe perpetuamente de cismas e de seitas; ou reaja violentamente quando dissente das suas máximas. É o orgulho e a ignorância desses dissidentes que causam a confusão, pois nem ouvem com humildade nem sabem convencer, mas querem que se suprima tudo o que não constar do seu sintagma. São eles os elementos perturbadores, os fautores da desunião, que nem cuidam de si mesmos nem permitem que outros unam os elementos separados que ainda faltam ao corpo da verdade. Procurar incessantemente aquilo que não conhecemos pelo conhecido, aproximando a verdade da verdade, à medida em que a encontramos (pois seu conjunto é homogêneo e proporcional), essa é a regra de ouro em Teologia, bem como em Aritmética, e garante a harmonia no seio de uma Igreja — não a união forçada e superficial de mentes frias, indiferentes e internamente divididas.

Lordes e Comuns da Inglaterra, considerai em que Nação estais e qual vós governais: uma Nação não atrasada e obtusa, mas de espírito ágil, engenhoso e penetrante, pronta para inventar, astuta e vigorosa para raciocinar, e de nenhum modo inferior a qualquer cimo de conhecimento a que a mente humana tem capacidade de alcançar. Em conseqüência, os estudos do saber, nos ramos mais profundos da ciência, remontam a tanto tempo entre nós, são tão eminentes aqui, que escritores de certa antigüidade e clara visão das coisas acabaram

have bin perswaded that ev'n the school of *Pythagoras* and the *Persian* wisdom took beginning from the old Philosophy of this Iland. And that wise and civill Roman, *Julius Agricola*, who govern'd once here for *Caesar,* preferr'd the naturall wits of Britain before the labour'd studies of the French. Nor is it for nothing that the grave and frugal *Transilvanian* sends out yearly from as farre as the mountanous borders of *Russia* and beyond the *Hercynian* wildernes, not their youth, but their stay'd men, to learn our language and our *theologic* arts. Yet that which is above all this, the favour and the love of heav'n, we have great argument to think in a peculiar manner propitious and propending towards us. Why else was this Nation chos'n before any other, that out of her as out of *Sion* should be proclam'd and sounded forth the first tidings and trumpet of Reformation to all *Europ?* And had it not bin the obstinat perversnes of our Prelats against the divine and admirable spirit of *Wicklef,* to suppresse him as a schismatic and *innovator,* perhaps neither the *Bohemian Husse* and Jerom, no, nor the name of *Luther* or of *Calvin* had bin ever known; the glory of reforming all our neighbours had bin compleatly ours. But now, as our obdurat Clergy have with violence demean'd the matter, we are become hitherto the latest and the backwardest Schollers, of whom God offer'd to have made us the teachers. Now once again by all concurrence of signs and by the generall instinct of holy and devout men, as they daily and solemnly expresse their thoughts, God is decreeing to begin some new and great

persuadidos de que até a escola de Pitágoras e a sabedoria dos persas tiveram origem na velha filosofia desta Ilha. E aquele sábio e ilustrado romano, Julius Agrícola[117], que nos governou um dia em nome de César, preferia os talentos naturais dos britânicos aos estudos elaborados dos franceses. Não é por acaso que a grave e frugal Transilvânia[118] nos envia todo ano, das remotas montanhas da fronteira da Rússia, e de além da selva herciniana[119], não os seus moços, mas homens adultos, que vêm estudar nossa língua e nossos conhecimentos teológicos. E o que está acima de tudo isso é o favor e o amor dos céus, de que temos todos os motivos para considerar propício e bem intencionado a nosso respeito. Caso contrário, por que teria sido esta Nação escolhida, e não outra qualquer, para que dela saiam, como de Sion outrora, as primeiras notícias e clarinadas da Reforma para toda a Europa? Não fora a obstinação perversa de nossos prelados contra o espírito divino e admirável de Wycliffe[120], que quiseram eliminar como cismático e inovador, talvez os nomes dos boêmios Huss e Jerônimo, ou os nomes de Lutero e Calvino tivessem ficado ignorados. A glória de reformar todos os nossos vizinhos teria sido completamente nossa. Mas agora, que o nosso obstinado clero se portou no caso com violência, nós nos tornamos, além de retardatários, os mais atrasados dos *scholars* — quando Deus nos destinara a sermos mestres. Uma vez mais, por uma conjunção de sinais, e na opinião geral de homens santos e devotos, que exprimem seu pensamento diariamente e solenemente, Deus decidiu inaugurar uma nova e gran-

period in his Church, ev'n to the reforming of Reformation it self. What does he then but reveal Himself to his servants, and as his manner is, first to his English-men; I say as his manner is, first to us, though we mark not the method of his counsels and are unworthy? Behold now this vast City: a City of refuge, the mansion house of liberty, encompast and surrounded with his protection; the shop of warre hath not there more anvils and hammers waking, to fashion out the plates and instruments of armed Justice in defence of beleaguer'd Truth, then there be pens and heads there, sitting by their studious lamps, musing, searching, revolving new notions and idea's wherewith to present as with their homage and their fealty the approaching Reformation, others as fast reading, trying all things, assenting to the force of reason and convincement. What could a man require more from a Nation so pliant and so prone to seek after knowledge? What wants there to such a towardly and pregnant soile but wise and faithfull labourers, to make a knowing people, a Nation of Prophets, of Sages, and of Worthies? We reck'n more then five months yet to harvest; there need not be five weeks; had we but eyes to lift up, the fields are white already. Where there is much desire to learn, there of necessity will be much arguing, much writing, many opinions; for opinion in good men is but knowledge in the making. Under these fantastic terrors of sect and schism, we wrong the earnest and zealous thirst after knowledge and understanding which God hath stirr'd up in this City. What some

de era na história da sua Igreja, inclusive com a reforma da própria Reforma. Que faz Ele, então, senão revelar-se aos seus servos; e, à sua maneira, primeiro aos ingleses? Digo à sua maneira e primeiro a nós, se bem que não façamos caso dos preceitos divinos nem sejamos merecedores da Sua bondade. Contemplai agora esta vasta cidade: uma cidade de refúgio, a mansão da liberdade, cingida e rodeada da Sua proteção. O arsenal bélico não tem aí mais bigornas e martelos em ação, fabricando as couraças e instrumentos da justiça em defesa da verdade sitiada do que penas e cabeças, atentas à luz das lâmpadas do labor, meditando, pesquisando, revolvendo novas noções e idéias para apresentá-las como homenagem e fidelidade à Reforma que se aproxima; outros, lendo vorazmente, experimentando todas as coisas, assentindo à força persuasiva da razão. O que mais poderia um homem exigir de uma Nação tão disposta e inclinada à busca do conhecimento? O que falta a um solo tão fértil senão trabalhadores atentos e fiéis para constituir um povo instruído, uma Nação de profetas, de sábios, de sumidades? Nós calculamos que faltam mais de cinco meses ainda para a colheita. Cinco semanas já seriam suficientes. Basta erguer os olhos para ver que os campos já branqueiam. Onde é grande o desejo de aprender, é também grande a necessidade de discutir, de escrever, de ter opinião. Porque a opinião, entre homens de valor, é conhecimento em formação. Sob esses fantasiosos terrores de seita e cisma, nós não fazemos justiça à sede honesta e zelosa de saber e compreensão que Deus suscitou nesta urbe. Onde alguns se

lament of, we rather should rejoyce at, should rather praise this pious forwardnes among men, to reassume the ill deputed care of their Religion into their own hands again. A little generous prudence, a little forbearance of one another, and som grain of charity might win all these diligences to joyn and unite in one generall and brotherly search after Truth, could we but forgoe this Prelaticall tradition of crowding free consciences and Christian liberties into canons and precepts of men. I doubt not, if some great and worthy stranger should come among us, wise to discern the mould and temper of a people and how to govern it, observing the high hopes and aims, the diligent alacrity of our extended thoughts and reasonings in the pursuance of truth and freedom, but that he, would cry out as *Pirrhus* did, admiring the Roman docility and courage: If such were my *Epirots*, I would not despair the greatest design that could be attempted to make a Church or Kingdom happy. Yet these are the men cry'd out against for schismaticks and sectaries; as if, while the Temple of the Lord was building, some cutting, some squaring the marble, others hewing the cedars, there should be a sort of irrationall men who could not consider there must be many schisms and many dissections made in the quarry and in the timber, ere the house of God can be built. And when every stone is laid artfully together, it cannot be united into a continuity, it can but be contiguous in this world; neither can every peece of the building

lamentam, nós deveríamos nos alegrar, deveríamos louvar a pia solicitude que vemos entre os homens, sua disposição de terem novamente nas mãos o encargo de sua religião. Um pouco de generosa prudência, um pouco de tolerância recíproca, um grão de caridade podem unir todos esses esforços numa busca comum e fraternal da verdade. Basta para isso que abandonemos a tradição prelatícia de sujeitar ao rigor e estreiteza de cânones e preceitos humanos a liberdade de consciência e as demais liberdades cristãs. Não duvido que algum estrangeiro eminente que nos visitasse, capaz de avaliar o caráter e feitio de um povo, bem como a melhor maneira de governá-lo, ao observar nossas altas esperanças e os altos objetivos, a diligente alacridade dos nossos pensamentos e raciocínios na busca da verdade e da liberdade, viesse a exclamar, como Pirro diante da disciplina e bravura dos romanos: "Se meus epirotas fossem como esses, eu não ficaria desesperado quanto ao êxito de qualquer plano, por ambicioso que fosse, para tornar feliz uma Igreja ou um Reino." E, no entanto, homens assim são chamados cismáticos e sectários, como se, com o templo do Senhor em construção, alguns cortassem e esquadriassem o mármore, outros abatessem os cedros, e houvesse homens irracionais a ponto de não verem que só com muitos cismas e muitas dissidências talhadas na pedra e na madeira será possível erguer a casa de Deus. Embora as pedras sejam postas engenhosamente juntas, elas não se unem continuamente, ficam apenas contíguas umas às outras. Também nem todas as peças do edifício possuem a

be of one form; nay, rather the perfection consists in this: that out of many moderat varieties and brotherly dissimilitudes that are not vastly disproportionall arises the goodly and the gracefull symmetry that commends the whole pile and structure. Let us therefore be more considerat builders, more wise in spirituall architecture, when great reformation is expected. For now the time seems come, wherein *Moses* the great Prophet may sit in heav'n rejoycing to see that memorable and glorious wish of his fulfill'd, when not only our sev'nty Elders but all the Lords people are become Prophets. No marvell then though some men, and some good men too perhaps, but young in goodnesse, as *Joshua* then was, envy them. They fret, and out of their own weaknes are in agony, lest those divisions and subdivisions will undoe us. The adversarie again applauds, and waits the hour; when they have brancht themselves out, saith he, small enough into parties and partitions, then will be our time. Fool! he sees not the firm root, out of which we all grow though into branches; nor will beware untill hee see our small divided maniples cutting through at every angle of his ill united and unweildy brigade. And that we are to hope better of all these supposed sects and schisms, and that we shall not need that solicitude honest perhaps though over timorous of them that vex in this behalf, but shall laugh in the end at those malicious applauders of our differences, I have these reasons to perswade me:

mesma forma. A perfeição consiste no seguinte: das muitas variedades moderadas e dissimilitudes fraternais, que não são radicalmente proporcionais, é que surge a graciosa simetria que realça e valoriza a estrutura como um todo. Sejamos, portanto, construtores mais ponderados e mais sábios em matéria de arquitetura espiritual, quando uma grande reforma é esperada. Pois parece chegada a hora em que o grande profeta Moisés contemple do alto dos céus a realização daquele seu desejo glorioso e memorável, quando não só nossos setenta anciãos mas todo o povo de Deus se tornam profetas. Não é de admirar, portanto, que alguns homens, talvez até bons homens, mas jovens na bondade como Josué também foi um dia, os invejem. Eles se atormentam e ficam tomados de angústia dada a própria fraqueza, temendo que essas divisões e subdivisões sejam a nossa ruína. O inimigo de novo aplaude e aguarda a sua oportunidade. Quando eles estiverem divididos, diz ele, agrupados em pequenos partidos e facções, então será a nossa oportunidade. Tolo! ele não vê a sólida raiz de onde brotam todos os galhos. E só ficará alerta quando vir nossas pequenas tropas divididas penetrando em cada espaço de sua desunida e dispersa brigada. Temos motivo para esperar o melhor dessas supostas seitas e cismas. Não precisamos da solicitude, possivelmente honesta, se bem que por demais timorata, daqueles que se afligem com a questão. Havemos de rir por último desses que aplaudem por malícia as nossas divergências. Os seguintes motivos me persuadem:

First, when a City shall be as it were besieg'd and blockt about, her navigable river infested, inrodes and incursions round, defiance and battell oft rumor'd to be marching up ev'n to her walls and suburb trenches, that then the people, or the greater part, more then at other times, wholly tak'n up with the study of highest and most important matters to be reform'd should be disputing, reasoning, reading, inventing, discoursing, ev'n to a rarity, and admiration, things not before discourst or writt'n of, argues first a singular good will, contentednesse and confidence in your prudent foresight and safe government, Lords and Commons; and from thence derives it self to a gallant bravery and well grounded contempt of their enemies, as if there were no small number of as great spirits among us, as his was, who when Rome was nigh besieg'd by *Hanibal*, being in the City, bought that peece of ground at no cheap rate, whereon *Hanibal* himself encampt his own regiment. Next it is a lively and cherfull presage of our happy successe and victory. For as in a body, when the blood is fresh, the spirits pure and vigorous not only to vital but to rationall faculties and those in the acutest and the pertest operations of wit and suttlety, it argues in what good plight and constitution the body is, so when the cherfulnesse of the people is so sprightly up, as that it has not only wherewith to guard well its own freedom and safety but to spare, and to bestow upon the solidest and sublimest points of controversie and new invention, it betok'ns us not

Primeiro, quando uma cidade[121] está sitiada e bloqueada, com seu rio navegável infestado; investida por reides e incursões, objeto de rumores de que o inimigo avança contra ela e já se encontra junto às muralhas e trincheiras dos subúrbios; então a população ou grande parte dela, mais do que de outras vezes, entregue ao estudo de mais altas e mais relevantes reformas por fazer, discute, debate, lê, inventa e discorre, com excepcional e admirável inteligência, temas nunca dantes abordados nos seus conselhos ou tratados em livros, o que mostra, sobretudo, uma singular boa vontade, depois satisfação e confiança na vossa prudente previsão e firme liderança, Lordes e Comuns. Disso deriva uma ousada bravura e o bem fundado desprezo do inimigo. Existiram entre nós, e em não pequena quantidade, almas tão valentes quanto a daquele cidadão romano que, estando na cidade quando Roma foi sitiada por Aníbal, comprou por alta soma justamente as terras em que o próprio Aníbal acampava com seu regimento[122]. Segue-se um vívido e alegre presságio do nosso feliz sucesso e vitória: porque, assim como num corpo em que o sangue é fresco, e vigorosos os espíritos, não só para o exercício das faculdades vitais, mas também das racionais, e para as operações mais sutis e audaciosas da inteligência, esse estado indica a boa condição e compleição do organismo, como a vitalidade do povo, que, além de assegurar sua própria liberdade e segurança, pode ainda consagrar-se a questões sérias e sublimes de controvérsia, bem como a novas invenções. Isso revela que não somos nem degenerados

degenerated, nor drooping to a fatall decay, but casting off the old and wrincl'd skin of corruption to outlive these pangs and wax young again, entring the glorious waies of Truth and prosperous vertue destin'd to become great and honourable in these latter ages. Methinks I see in my mind a noble and puissant Nation rousing herself like a strong man after sleep, and shaking her invincible locks. Methinks I see her as an Eagle muing her mighty youth, and kindling her undazl'd eyes at the full midday beam, purging and unscaling her long abused sight at the fountain it self of heav'nly radiance, while the whole noise of timorous and flocking birds, with those also that love the twilight, flutter about, amaz'd at what she means, and in their envious gabble would prognosticat a year of sects and schisms.

What should ye doe then, should ye suppresse all this flowry crop of knowledge and new light sprung up and yet springing daily in this City, should ye set an *Oligarchy* of twenty ingrossers over it, to bring a famin upon our minds again, when we shall know nothing but what is measur'd to us by their bushel? Beleeve it, Lords and Commons, they who counsell ye to such a suppressing doe as good as bid ye suppresse yourselves; and I will soon shew how. If it be desir'd to know the immediat cause of all this free writing and free speaking, there cannot be assign'd a truer then your own mild and free and human government; it is the liberty, Lords and Commons, which

nem vítimas de um processo inexorável de decadência, mas apenas deixamos para trás a velha pele enrugada da corrupção para nascer de novo, triunfando sobre a dor e a cólera, e trilhamos os caminhos gloriosos da verdade e da próspera virtude, destinados à grandeza e à honra nesses últimos tempos. Creio ver na minha mente uma nobre e poderosa Nação, erguendo-se como um homem robusto após o sono, e sacudindo suas correntes invencíveis. Creio vê-la como uma águia na muda, renovando sua vigorosa juventude, abrasando seus olhos que o sol não ofusca no pleno fulgor do meio-dia, purgando e descolando as pálpebras grudadas diante da própria fonte do esplendor celeste, enquanto, em torno, estruge o rumor dos pássaros que voam em bando, mesmo os que amam o crepúsculo, atônitos com ela, e prognosticando, com seus trilos de inveja, um ano de seitas e cismas.

O que deveis, então, fazer? Reprimir toda essa florida safra de saber e novas luzes, que se via e ainda se vê surgir diariamente nesta cidade? Deveis criar uma oligarquia de vinte comerciantes para trazer a fome às nossas mentes, e a ela submeter toda essa floração, reduzidas a saber apenas o que eles pesem com suas medidas? Creiam, Lordes e Comuns: todos aqueles que vos aconselham o expurgo, na verdade vos convidam a expurgar-vos também. E logo vos demonstrarei como. Se o que se deseja saber é a causa imediata de toda a liberdade de escrever e de falar, nenhuma outra me parece mais verdadeira do que a vossa maneira moderada, livre e humana de governar. É a liberdade, Lordes e Comuns, que

your own valorous and happy counsels have purchast us, liberty which is the nurse of all great wits; this is that which hath rarify'd and enlightn'd our spirits like the influence of heav'n; this is that which hath enfranchis'd, enlarg'd and lifted up our apprehensions degrees above themselves. Ye cannot make us now lesse capable, lesse knowing, lesse eagarly pursuing of the truth, unlesse ye first make your selves, that made us so, lesse the lovers, lesse the founders of our true liberty. We can grow ignorant again, brutish, formall, and slavish, as ye found us; but you then must first become that which ye cannot be, oppressive, arbitrary, and tyrannous, as they were from whom ye have free'd us. That our hearts are now more capacious, our thoughts more erected to the search and expectation of greatest and exactest things, is the issue of your owne vertu propagated in us; ye cannot suppresse that unlesse ye reinforce an abrogated and mercilesse law, that fathers may dispatch at will their own children. And who shall then sticke closest to ye, and excite others? Not he who takes up armes for cote and conduct and his four nobles of Danegelt. Although I dispraise not the defence of just immunities, yet love my peace better, if that were all. Give me the liberty to know, to utter, and to argue freely according to conscience, above all liberties.

vossos valorosos e bem sucedidos conselhos conquistaram para nós, liberdade essa que é a nutriz de todos os grandes talentos. Foi ela que purificou e iluminou nossos espíritos, tal como a influência dos céus. Ela emancipou, alargou e elevou nossas preocupações vários graus acima delas mesmas. Vós não podeis fazer-nos agora menos capazes, menos sábios, menos interessados na busca da verdade, se não vos fizerdes primeiro, vós que nos fizestes como hoje somos, menos amantes e menos fundadores da nossa verdadeira liberdade. Podemos ficar outra vez ignorantes, embrutecidos, formais, servis, como éramos quando descobertos por vós. Mas, para isso, seria preciso que vós vos fizésseis o que não sabeis ser, ou seja, opressores, arbitrários e tirânicos com aqueles de quem nos libertasteis. Que nossos corações sejam hoje mais generosos, nossos pensamentos mais voltados para a busca e expectativa de coisas maiores e mais exatas, deve-se à vossa virtude a nós transmitida. E isso vós não podeis eliminar a não ser que pondo em vigor uma lei impiedosa de há muito revogada, a qual dava aos pais o direito de matar os próprios filhos. Quem ficaria, então, convosco, quem atrairia outros para a vossa causa? Não aquele que pega em armas para resistir à cobrança de taxas e das quatro moedas do Danegelt[123]. Embora esteja de acordo com a defesa de imunidades justas, prefiro ficar em paz, se isso for possível. Dai-me a liberdade para saber, para falar e para discutir livremente, de acordo com a consciência, acima de todas as liberdades.

What would be best advis'd then, if it be found so hurtfull and so unequall to suppresse opinions for the newnes or the unsutablenes to a customary acceptance, will not be my task to say; I only shall repeat what I have learnt from one of your own honourable number, a right noble and pious lord, who had he not sacrific'd his life and fortunes to the Church and Commonwealth, we had not now mist and bewayl'd a worthy and undoubted patron of this argument. Ye know him I am sure; yet I for honours sake, and may it be eternall to him, shall name him, the Lord *Brook.* He writing of Episcopacy, and by the way treating of sects and schisms, left Ye his vote, or rather now the last words of his dying charge, which I know will ever be of dear and honour'd regard with Ye, so full of meeknes and breathing charity, that next to his last testament, who bequeath'd love and peace to his Disciples, I cannot call to mind where I have read or heard words more mild and peacefull. He there exhorts us to hear with patience and humility those, however they be miscall'd, that desire to live purely, in such a use of Gods Ordinances, as the best guidance of their conscience gives them, and to tolerat them, though in some disconformity to our selves. The book it self will tell us more at large being publisht to the world and dedicated to the Parlament by him who both for his life and for his death deserves, that what advice he left be not laid by without perusall.

And now the time in speciall is by priviledge to write and speak what may help to the furder dis-

Não me cabe dizer o que seria mais aconselhável fazer, uma vez reconhecido o quanto é danoso e injusto eliminar opiniões pelo fato de serem novas ou não estarem de acordo com o que de costume se aceita. Repetirei apenas o que aprendi com um dos vossos, um nobre e piedoso Lorde. Se ele não tivesse sacrificado vida e fortuna à Igreja e à Commonwealth, não estaríamos agora a chorar a ausência de um digno e acreditado patrono da tese que defendo. Vós o conheceis, certamente. Mas para melhor honrá-lo, e que essa honra seja eterna, mencionarei seu nome. Trata-se de Lorde Brooke[124]. Sua obra sobre o Episcopado, a propósito de seitas e cismas, bem como as últimas palavras de sua vontade agonizante são, estou certo disso, estimadas e respeitadas por vós. Suas palavras são tão impregnadas de brandura e viva caridade que, afora as últimas palavras de Cristo aos seus discípulos, não sei de outras mais doces e pacíficas. Ele nos exorta a ouvir com paciência e humildade aqueles que, sejam quais forem os nomes com que os tratemos, querem viver com pureza na observância dos preceitos divinos, segundo as luzes que suas consciências lhes dão; e a tolerá-los, embora estejam até certo ponto em desacordo conosco. O próprio livro nos dirá mais sobre o assunto, publicado que foi para o mundo e dedicado ao Parlamento por alguém que tanto por sua vida quanto por sua morte merece nossa atenção. Cuidemos que o conselho que ele deixou não seja posto de lado sem exame.

E agora é chegado o momento e o privilégio de escrever e falar sobre o que pode auxiliar no aprofunda-

cussing of matters in agitation. The Temple of *Janus* with his two *controversal* faces might now not unsignificantly be set open. And though all the windes of doctrin were let loose to play upon the earth, so Truth be in the field, we do injuriously by licencing and prohibiting to misdoubt her strength. Let her and Falshood grapple; who ever knew Truth put to the wors in a free and open encounter? Her confuting is the best and surest suppressing. He who hears what praying there is for light and clearer knowledge to be sent down among us, would think of other matters to be constituted beyond the discipline of *Geneva*, fram'd and fabric't already to our hands. Yet when the new light which we beg for shines in upon us, there be who envy and oppose, if it come not first in at their casements. What a collusion is this, whenas we are exhorted by the wise man to use diligence, to *seek for wisdom as for hidd'n treasures* early and late, that another order shall enjoyn us to know nothing but by statute! When a man hath bin labouring the hardest labour in the deep mines of knowledge, hath furnisht out his findings in all their equipage, drawn forth his reasons as it were a battell raung'd, scatter'd and defeated all objections in his way, calls out his adversary into the plain, offers him the advantage of wind and sun, if he please, only that he may try the matter by dint of argument, for his opponents then to sculk,

mento da discussão dos temas em pauta. Abrir o templo de Janus, com suas duas faces antagônicas, faria agora sentido. Mesmo que todos os ventos da doutrina soprassem sobre a terra, a verdade também estaria em campo. Seria injurioso, nas circunstâncias, licenciar e proibir. Que a verdade e a impostura se digladiem. Quem jamais ouviu dizer que a verdade perdesse num confronto em campo livre e aberto? Sua refutação é a melhor e mais eficaz das proibições. Quem quer que ouça as preces que porventura se façam, pedindo luzes e um conhecimento mais claro do mundo, pensará que existem mais coisas por formar e compor do que as contempladas pela doutrina de Genebra[125], montadas e já concebidas para nosso uso. E, todavia, quando essa nova iluminação que pedimos nos for concedida, haverá invejosos que a ela se oponham se não passar primeiro pelas vidraças deles! Que maquinação é essa, em que somos exortados pelo homem sábio a empregar a mesma diligência na busca da sabedoria quanto na de tesouros escondidos? E um outro decreto nos ordena que só conheçamos o que o estatuto permite! Quando um homem que labutou no trabalho forçado das minas da sabedoria; que dotou suas descobertas de todo o equipamento necessário; que organizou suas razões como se dispusesse soldados em posição de combate; dispersou e derrotou todas as objeções atravessadas no seu caminho, e agora chama o adversário para o campo aberto, oferecendo-lhe a vantagem do vento e do sol, com o único objetivo de decidir a questão por força dos argumentos, e vê que o outro então se dissimula,

to lay ambushments, to keep a narrow bridge of licencing where the challenger should passe, though it be valour enough in shouldiership, is but weaknes and cowardise in the wars of Truth. For who knows not that Truth is strong next to the Almighty? She needs no policies, no stratagems, nor licencings to make her victorious; those are the shifts and the defences that error uses against her power. Give her but room, and do not bind her when she sleeps, for then she speaks not true, as the old *Proteus* did, who spake oracles only when he was caught and bound; but then rather she turns herself into all shapes except her own, and perhaps tunes her voice according to the time, as *Micaiah* did before Ahab, untill she be adjur'd into her own likenes. Yet is it not impossible that she may have more shapes then one. What else is all that rank of things indifferent, wherein Truth may be on this side or on the other without being unlike her self? What but a vain shadow else is the abolition of *those ordinances, that hand writing nayl'd to the crosse,* what great purchase is this Christian liberty which *Paul* so often boasts of? His doctrine is, that he who eats or eats not, regards a day or regards it not, may doe either to the Lord. How many other things might be tolerated in peace and left to conscience, had we but charity, and were it not the chief strong hold of our hypocrisie to be ever judging one another. I fear yet this iron yoke of outward conformity hath left a slavish print

lhe arma emboscadas, finca pé na ponte estreita da censura, por onde o desafiante deveria passar — esse homem fica tomado de justa indignação. Porque, se na guerra isso mostra valor, não é senão fraqueza e covardia nas pelejas da verdade. Quem não sabe que a verdade vem logo abaixo do Onipotente em força? Ela não precisa de políticas nem de estratagemas, nem de autorizações para ser vitoriosa. Esses são ardis e obstáculos que o erro utiliza contra o seu poder. Basta lhe dar espaço, e aproveitar seu sono para atá-la, porque então o que ela disser já não será verídico, como o velho Proteu[126], que só proferia oráculos quando preso e amarrado. A verdade assume todas as formas salvo a sua própria, e talvez adapte sua voz às circunstâncias, como Miquéias diante do rei Acab[127] até assumir sua identidade. Não é de todo impossível que ela tenha mais do que uma forma. Se não, que significa toda essa ordem de coisas indiferentes em que a verdade pode estar de um lado e do outro sem ser por isso inconsistente? Que significa, a não ser uma sombra vã, a abolição dessas ordenações rituais, daquele texto escrito à mão pregado na cruz? Que grande aquisição é essa liberdade cristã de que o apóstolo Paulo tantas vezes se vangloria[128]? Sua doutrina é: aquele que come ou não come, que estima o dia ou não o estima, vale o mesmo ao Senhor[129]. Quantas outras coisas poderiam ser toleradas em paz e deixadas à consciência de cada um se tivéssemos apenas caridade e não julgássemos uns pelos outros, o que é a principal característica da nossa hipocrisia? Temo que esse jugo de ferro do conformismo tenha deixado uma marca de ser-

upon our necks; the ghost of a linnen decency yet haunts us. We stumble and are impatient at the least dividing of one visible congregation from another, though it be not in fundamentalls; and through our forwardnes to suppresse, and our backwardnes to recover any enthrall'd peece of truth out of the gripe of custom, we care not to keep truth separated from truth, which is the fiercest rent and disunion of all. We doe not see that while we still affect by all means a rigid externall formality, we may as soon fall again into a grosse conforming stupidity, a stark and dead congealment of *wood and hay and stubble* forc't and frozen together, which is more to the sudden degenerating of a Church then many *subdichotomies* of petty schisms. Not that I can think well of every light separation, or that all in a Church is to be expected *gold and silver and pretious stones*; it is not possible for man to sever the wheat from the tares, the good fish from the other frie; that must be the Angels Ministery at the end of mortall things. Yet if all cannot be of one mind, as who looks they should be? this doubtles is more wholsome, more prudent, and more Christian: that many be tolerated rather than all compell'd. I mean not tolerated Popery and open superstition, which as it extirpats all religions and civill supremacies, so it self should be extirpat, provided first that all charitable and compassionat means be us'd

vidão nos nossos pescoços. O fantasma de uma veste de respeitabilidade ainda nos ronda. Nós tropeçamos e nos impacientamos ao primeiro sinal de divergência entre uma congregação e outra, mesmo que não seja sobre pontos fundamentais de doutrina. Rápidos quando se trata de eliminar alguma coisa, vagarosos quando cumpre resgatar qualquer fragmento de verdade das garras do costume, não nos importamos em manter a verdade separada da verdade, o que é a ruptura e a desunião mais graves de todas. Nós não vemos isso quando estamos afetados por um rígido formalismo externo e corremos o risco de cair novamente em uma grosseira estupidez de conformidade, um conglomerado rígido e morto de madeira, feno e restolho comprimido e congelado num mesmo bloco. E isso é mais conducente à rápida degeneração de uma Igreja do que uma chusma de subdicotomias de pequenos cismas. Não que eu esteja de acordo com separações levianas ou que numa Igreja só se devam esperar ouro e prata e pedras preciosas. Não é possível para o homem separar o joio do trigo[130], o peixe bom da arraia miúda. A tarefa talvez incumba aos anjos ao fim da existência mortal. Se, no entanto, a unanimidade for para nós impossível, será sem dúvida mais saudável, mais prudente e mais cristão que muitos sejam tolerados em vez de serem todos coagidos. Não falo de tolerar o papismo e a superstição manifesta que tendem a extirpar todas as religiões e supremacias civis, de modo que têm de ser, por sua vez, extirpados, desde que se haja primeiro recorrido a todos os meios caridosos e compassivos na tentativa de con-

to win and regain the weak and misled; that also which is impious or evil absolutely either against faith or maners no law can possibly permit, that intends not to unlawit self; but those neighboring differences, or rather indifferences, are what I speak of, whether in some point of doctrine or of discipline, which though they may be many, yet need not interrupt *the unity of Spirit*, if we could but find among us *the bond of peace*. In the mean while if any one would write, and bring his helpfull hand to the slow-moving Reformation which we labour under, if Truth have spok'n to him before others, or but seem'd at least to speak, who hath so bejesuited us that we should trouble that man with asking licence to doe so worthy a deed? And not consider this, that if it come to prohibiting, there is not ought more likely to be prohibited then truth it self; whose first appearance to our eyes blear'd and dimm'd with prejudice and custom, is more unsightly and unplausible then many errors, ev'n as the person is of many a great man slight and contemptible to see to. And what doe they tell us vainly of new opinions, when this very opinion of theirs, that none must be heard but whom they like, is the worst and newest opinion of all others; and is the chief cause why sects and schisms doe so much abound, and true knowledge is kept at distance from us? Besides yet a greater danger which is in it: for when God shakes a Kingdome with strong and healthfull commotions

quistar e recuperar os fracos e os transviados. Quanto ao que é ímpio ou absolutamente perverso, seja contra a fé ou contra os costumes, não pode ser permitido por lei, a menos que a lei deseje proibir-se. Mas é dessas pequenas diferenças, ou melhor, indiferenças, que falo, seja em alguns pontos de doutrina ou de disciplina. Ainda que numerosos, esses pontos não devem necessariamente interrromper a unidade do espírito, se pudermos encontrar entre nós o vínculo da paz[131]. Enquanto isso, se alguém quisesse escrever e auxiliar essa morosa Reforma sob a qual penamos todos; se a verdade lhe falasse de preferência a qualquer outro interlocutor ou, pelo menos, parecesse falar, quem nos teria enjesuitado a tal ponto que fôssemos perturbar esse homem, exigindo que ele pedisse autorização para fazer ato assim meritório? E sem considerar que, caso a questão fosse proibir, nada seria objeto mais provável de proibição do que a própria verdade; a qual, ao surgir pela primeira vez diante dos nossos olhos enevoados e obscurecidos pelo preconceito e pelo hábito, é mais repugnante e implausível à vista e menos admissível do que muitos erros, como a pessoa de um grande homem de aspecto insignificante e desprezível[132]. E como eles nos vêm condenar por opiniões novas, quando essa mesma opinião deles, que só deve ser escutada por quem eles aprovam, é a pior e a mais nova de todas e a causa principal por que seitas e cismas proliferam e o verdadeiro conhecimento esteja tão afastado de nós? Além disso, existe ainda um grande perigo: pois quando Deus sacode um Reino com fortes e saudáveis movimentos

to a generall reforming, 'tis not untrue that many sectaries and false teachers are then busiest in seducing; but yet more true it is, that God then raises to his own work men of rare abilities and more then common industry not only to look back and revise what hath bin taught heretofore, but to gain furder and goe on some new enlightn'd steps in the discovery of truth. For such is the order of Gods enlightning his Church, to dispense and deal out by degrees his beam, so as our earthly eyes may best sustain it. Neither is God appointed and confin'd, where and out of what place these his chosen shall be first heard to speak; for he sees not as man sees, chooses not as man ehooses, lest we should devote our selves again to set places and assemblies and outward callings of men, planting our faith one while in the old Convocation house, and another while in the Chappell at Westminster; when all the faith and religion that shall be there canoniz'd, is not sufficient, without plain convincement and the charity of patient instruction, to supple the least bruise of conscience, to edifie the meanest Christian, who desires to walk in the Spirit, and not in the letter of human trust, for all the number of voices that can be there made; no, though *Harry* the 7. himself there, with all his leige tombs about him, should lend them voices from the dead, to swell their number. And if the men be erroneous who appear to be the leading schismaticks, what witholds us but our sloth, our self-will, and distrust in the right cause, that

para reformá-lo de alto a baixo, não é inexato dizer que, mais do que nunca, muitos sectários e falsos mestres aparecem para seduzir. Mais verdadeiro ainda é que Deus então suscita para a Sua obra homens de talentos raros e labor incomum, não só para que examinem e revisem ensinamentos anteriores, mas também para ganhar terreno e prosseguir em novos passos iluminados, na descoberta da verdade. Pois essa é a maneira com que Deus atua na iluminação, de modo progressivo, para que nossos olhos terrenos possam suportar a luz. Deus não fica limitado e confinado a determinados lugares de onde os Seus eleitos devam ser ouvidos. Porque Ele não vê como o homem vê, nem escolhe como o homem escolhe, para que não fiquemos presos a lugares determinados e assembléias, e vocações de simples fachada, e plantemos nossa fé, por algum tempo, na velha Casa da Convocação[133] e, em seguida, na Capela em Westminster[134]. Nem toda a fé e religião que existem bastariam, sem o convencimento e a caridade de uma paciente instrução para amenizar uma ferida na consciência, por leve que seja, ou para avançar a edificação do mais humilde dos cristãos que deseje marchar segundo o espírito, e não segundo a letra da humana confiança, por mais numerosas que sejam as vozes que se possam reunir. Não. O próprio rei Henrique VII, com todas as tumbas à sua volta, poderia emprestar-lhes as vozes dos mortos para engrossar-lhes o número. E se estão em erro os homens que parecem liderar os cismáticos, o que é que nos detém senão nossa preguiça, nossa obstinação e nossa falta de confiança na justa causa, que

we doe not give them gentle meetings and gentle dismissions, that we debate not and examin the matter throughly with liberall and frequent audience; if not for their sakes, yet for our own, seeing no man who hath tasted learning, but will confesse the many waies of profiting by those who not contented with stale receits are able to manage and set forth new positions to the world? And were they but as the dust and cinders of our feet, so long as in that notion they may serve to polish and brighten the armoury of Truth, ev'n for that respect they were not utterly to be cast away. But if they be of those whom God hath fitted for the speciall use of these times with eminent and ample gifts, and those perhaps neither among the Priests nor among the Pharisees, and we in the hast of a precipitant zeal shall make no distinction, but resolve to stop their mouths, because we fear they come with new and dangerous opinions, as we commonly fore-judge them ere we understand them, no lesse then woe to us, while, thinking thus to defend the Gospel, we are found the persecutors.

There have bin not a few since the beginning of this Parlament, both of the Presbytery and others, who by their unlicen't books to the contempt of an *Imprimatur* first broke that triple ice clung about our hearts, and taught the people to see day. I hope that none of those were the perswaders to renew upon us this bondage which they themselves have wrought so much good by contemning. But if neither the check that *Moses* gave to young *Joshua*, nor the countermand which our

não lhes concedemos encontros gentis e rejeições também gentis, que não debatemos e examinamos a questão em reuniões freqüentes e liberais? Se não por consideração a eles, pelo menos por nós, visto que todo homem que tenha provado do saber reconhecerá que há muitas maneiras de tirar proveito daqueles que não se contentam com receitas insossas, mas sabem arregimentar e expor novas teses ao mundo. Mesmo que eles fossem como pó e cinza sob nossos pés, ainda assim serviriam para polir e fazer brilhar o arsenal da verdade, e esse simples motivo bastaria para que não fossem lançados fora sem apelação. Mas se são daqueles que Deus preparou para as circunstâncias especiais desses tempos, com dons eminentes e copiosos, não sendo padres, nem fariseus; e se nós, no açodamento de um zelo precipitado, não discriminarmos com cuidado, e nos pusermos a amordaçar-lhes as bocas, temendo que venham com novas e perigosas opiniões, prejulgando-as como de costume e sem compreendê-los; então estaremos desgraçados, pois que, acreditando defender o Evangelho, nos revelamos perseguidores.

Não foram poucos, desde a abertura deste Parlamento, tanto presbiterianos quanto os demais, aqueles cujos livros não-autorizados e publicados sem um *imprimatur* contribuíram para romper a tríplice couraça de gelo que fechava os nossos corações e para ensinar o povo a ver a luz. Espero que nenhum deles seja da classe dos persuadidos a renovar essa servidão que eles mesmos haviam combatido meritoriamente. Mas se nem o freio que Moisés impôs ao jovem Josué, nem a contra-

Saviour gave to young *John*, who was so ready to prohibit those whom he thought unlicenc't, be not enough to admonish our Elders how unacceptable to God their testy mood of prohibiting is, if neither their own remembrance what evill hath abounded in the Church by this lett of licencing, and what good they themselves have begun by transgressing it, be not enough, but that they will perswade and execute the most *Dominican* part of the Inquisition over us, and are already with one foot in the stirrup so active at suppressing, it would be no unequall distribution in the first place to suppresse the suppressors themselves; whom the change of their condition hath puft up more then their late experience of harder times hath made wise.

And as for regulating the Presse, let no man think to have the honour of advising ye better then your selves have done in that Order publisht nest before this: that no book be Printed, unlesse the Printers and the Authors name, or at least the Printers be register'd. Those which otherwise come forth, if they be found mischievous and libellous, the fire and the executioner will be the timeliest and the most effectuall remedy, that mans prevention can use. For this *authentic* Spanish policy òf licencing books, if I have said ought, will prove the most unlicenc't book it self within a short while; and was the immediat image of a Starchamber decree to that purpose made in those very times when that Court did the rest of those

ordem que nosso Salvador impôs ao jovem João Evangelista, tão disposto a proibir os que ele julgava não-autorizados a agir, não bastam para convencer nossos anciãos[135] de quanto sua petulante insistência em proibir é inaceitável para Deus; se nem a própria memória do mal que representava para a Igreja o estorvo de proibir, nem o bem que eles mesmos haviam começado a fazer transgredindo-a; e se eles ainda vão infligir a porção mais dominicana da inquisição sobre nós, e já estão com o pé na frente, no ardor de tudo censurar, seria então uma grossa injustiça distributiva começar por censurar os próprios censores, mais cheios de empáfia com a recente mudança na sua condição do que de equilíbrio pela experiência vivida em tempos mais duros.

Quanto à regulamentação da imprensa, que ninguém se arrogue a honra de vos dar conselhos. Nada melhor do que a vossa Ordenação publicada antes desta última[136], segundo a qual nenhum livro será impresso, a não ser que o nome do impressor e o nome do autor ou, pelo menos, o do impressor esteja registrado. Para os livros que vêm a lume de outro modo, caso sejam considerados daninhos e caluniosos, o fogo e o carrasco serão o remédio mais oportuno e eficaz oferecidos à ação preventiva das autoridades. Porque essa política autenticamente espanhola de censurar obras, se minhas palavras tiverem algum valor, logo se revelará por sua vez a obra menos autorizada de todas; cópia fiel de um decreto da Câmara Estrelada[137], promulgado com os mesmos objetivos, na época em que aquela Corte executava o resto das suas

her pious works, for which she is now fallen from the Starres with *Lucifer*. Whereby ye may guesse what kinde of State prudence, what love of the people, what care of Religion, or good manners there was at the contriving, although with singular hypocrisie it pretended to bind books to their good behaviour. And how it got the upper hand of your precedent Order so well constituted before, if we may beleeve those men whose profession gives them cause to enquire most, it may be doubted there was in it the fraud of some old *patentees* and *monopolizers* in the trade of book-selling; who under pretence of the poor in their Company not to be defrauded, and the just retaining of each man his severall copy, which God forbid should be gainsaid, brought divers glosing colours to the House, which were indeed but colours, and serving to no end except it be to exercise a superiority over their neighbours, men who doe not therefore labour in an honest profession to which learning is indetted, that they should be made other mens vassals. Another end is thought was aym'd at by some of them in procuring by petition this Order, that having power in their hands, malignant books might the easier scape abroad, as the event shews. But of these *Sophisms* and *Elenchs* of marchandize I skill not. This I know, that erroys in a good government and in a bad are equally almost incident; for what Magistrate may not be misinform'd, and much the sooner, if liberty of Printing be reduc't into the power of a few? But to redresse

obras pias, as mesmas que lhe valeram o ser precipitada, do seu firmamento estrelado, com Lúcifer. Podemos perceber que espécie de prudência de Estado, que amor ao povo, que cuidado com a religião ou que boas maneiras presidiram a sua criação, embora, com singular hipocrisia, ela pretendesse atrelar os livros ao seu bom comportamento[138]. Como foi que isso prevaleceu sobre a Ordenação precedente, tão bem feita? É lícito acreditar que homens mais inclinados, por profissão, a inquirir mais, tenham desconfiado haver fraude de alguns concessionários antigos e comerciantes de livros. Os quais, a pretexto de proteger os interesses dos mais pobres da sua corporação, e de garantir os seus direitos autorais sobre as cópias, que Deus não permita serem prejudicados, trouxeram à casa diversas ilusões lustrosas que não passavam, mesmo, de ilusões, e que não tinham outra finalidade do que exercer supremacia sobre os rivais[139], homens que não labutam numa profissão honesta, de que o saber é credor, para, como paga, se tornarem vassalos do próximo. Alguns deles perseguiam outros fins ao provocarem o advento dessa Ordenação a pedido: uma vez com o poder nas mãos, ficava garantida a evasão dos livros subversivos para o exterior, como o resultado mostra. Não sei muito de tais sofismas e impugnações mercantis. Sei, porém, que as possibilidades de erro no governo dos homens existem tanto nas boas quanto nas más administrações. Qualquer magistrado pode ser vítima de falsas informações, principalmente se a liberdade de impresa estiver limitada ao poder de alguns poucos. Mas corrigir o erro

willingly and speedily what hath bin err'd, and in highest autority to esteem a plain advertisement more then others have done a sumptuous bribe, is a vertue (honour'd Lords and Commons) answerable to Your highest actions, and whereof none can participat but greatest and wisest men.

de boa vontade e com rapidez é uma virtude para aquele que tem a autoridade suprema de preferir um simples reparo do que a de quem recebeu suntuosos subornos. Virtude (honrados Lordes e Comuns), compatível com as vossas altas ações, das quais só podem participar os maiores e mais sábios homens.

APÊNDICE

◊ ◊ ◊

A Ordenação de 14 de Junho de 1643
Uma Ordenação dos Lordes e Comuns Reunidos no Parlamento

Embora diversas boas Ordenações tenham sido recentemente concebidas por ambas as Casas do Parlamento, visando suprimir os grandes abusos e as freqüentes desordens na impressão de muitos documentos, panfletos e livros falsos, forjados, escandalosos, sediciosos, libertinos e não-autorizados, para grande difamação da religião e do governo; e considerando que essas Ordenações (apesar da diligência da Imprensa Oficial em colocá-las em pleno vigor) têm tido pequeno ou nenhum efeito para coibir as mencionadas desordens, e a lei ora em preparo além disso sofreu atrasos, permitindo que muitos gráficos e impressoras, bem como vários outros profissionais vinculados à Imprensa Oficial, tenham-se valido disso para estabelecer diversas gráficas privadas, imprimindo, vendendo, publicando e espalhado panfletos e estudos em tal quantidade que nenhum esforço seria suficiente para descobrir e punir

todos os muitos e abundantes delinqüentes; e em razão de que diversos membros da Imprensa Oficial e outros mostram-se delinqüentes (contrários a prévias Ordenações e aos costumes mantidos pela mencionada Imprensa) e tenham liberdade de imprimir, vender e publicar os exemplares mais lucrativos de livros, pertencentes à Imprensa Oficial e outros gráficos, especialmente daqueles que são responsáveis por colocar em vigor as referidas Ordenações, e que, por vingança, enviam informações de suas delinqüências às Casas, para grande prejuízo da referida Imprensa Oficial e seus agentes, e para combatê-los neste serviço público.

Está portanto decidido pelos Lordes e Comuns no Parlamento que nenhuma Ordenação ou Declaração de ambas ou alguma Casa do Parlamento será impressa por alguém sem a permissão de uma ou ambas as referidas Casas; nenhum livro, panfleto, estudo, nem parte de qualquer livro, panfleto, ou estudo será a partir de agora impresso, encadernado, costurado ou posto à venda por qualquer pessoa ou pessoas, a menos que o mesmo seja primeiramente aprovado ou licenciado pelas mãos de representante ou representantes de ambas ou uma das Casas nomeado para autorizar o mesmo, e que o anotem no livro de registros da Imprensa Oficial, de acordo com o antigo hábito, e o impressor aponha seu nome em seguida. E que nenhuma pessoa ou pessoas, a partir de agora, imprimirá ou reimprimirá qualquer livro ou livros permitido e concedido pela

Imprensa Oficial, em causa própria e caridade de seus necessitados, sem a permissão ou consentimento de seu mestre, administradores e assistentes da referida Imprensa; nem qualquer livro ou livros legalmente licenciado e registrado na referida Imprensa, por algum agente, sem a permissão e consentimento do proprietário ou proprietários; nem mesmo importar esse livro ou livros, ou parte do livro ou livros previamente impresso aqui, d'além-mar, sob dolo de multar o mesmo proprietário ou proprietários dos referidos livros, e aplicar eventual punição como for considerada adequada.

E o mestre e administradores da referida Imprensa, o oficial de protocolo da Casa dos Lordes, o sargento da Casa dos Comuns e seus assessores, juntamente com as pessoas previamente apontadas pelo Comitê da Casa dos Comuns Para Exames, estão autorizados e instruídos, de tempos em tempos, a realizar buscas diligentes em todos os lugares onde imaginem encontrar material impresso não-autorizado, e todas as impressoras empregadas na publicação do material escandaloso a não-autorizado, panfletos, livros, ou quaisquer cópias de livros pertencentes à referida Imprensa, ou qualquer membro, sem sua aprovação e consentimento, e arrestar e transportar os tipos móveis dessas impressoras, juntamente com suas porcas e fusos, e qualquer outro material do impressor irregular, que eles considerem mal empregado, ao salão comum da referida Imprensa, onde serão destruídos de acordo

com antigo costume; e da mesma maneira realizar busca diligente em todas as oficinas de impressão suspeitas, e em depósitos, lojas e outros lugares para tais livros, estudos, panfletos e demais livros escandalosos e não-autorizados, sem registro ou sem assinatura do nome do impressor como mencionado acima, sendo impresso ou reimpresso por aqueles que não têm interesse legal neles, ou de algum modo contrário a esta Ordenação, e o mesmo para o referido salão comum, para ali permanecerem até que ambas ou uma das Casas do Parlamento disponham; e da mesma maneira apreender todos os autores, impressores e quaisquer pessoas de algum modo empregadas em compilar, imprimir, costurar, encadernar, publicar e espalhar os referidos documentos, livros e panfletos escandalosos, não-autorizados e indesejáveis, e todos aqueles que resistam à busca, e trazê-los a uma das Casas ou ao Comitê de Exames, pois assim poderão receber eventuais punições que suas ofensas mereçam, e não serão liberados até que tenha sido dada satisfação às partes empregadas na sua apreensão por dolo e culpa, e dada suficiente garantia de que não haverá ofensa semelhante no futuro. E todos os juízes de paz, capitães, delegados e outros oficiais estão ordenados e requisitados a ajudar e assistir às pessoas acima referidas na execução sumária de todas e cada uma das propriedades e na apreensão de todos os ofensores contra os mesmos; e, em caso de oposição, abrir à força portas e cadeados.

E fica determinado que esta ordenação seja a partir de agora impressa e publicada, a fim de que esta decisão seja divulgada daqui por diante, e todos os seus detratores considerados indesculpáveis.

Finis

Busto de John Milton, atualmente no Christ's College, em Cambridge. Seu escultor pode ter sido Edward Pierce ou Abraham Simons, ambos contemporâneos do poeta

NOTAS AO TEXTO

◊ ◊ ◊

1. O Areópago ou Boulé era o conselho aristocrático de Atenas, uma espécie de Senado. Seu nome faz referência ao lugar onde os políticos se reuniam, a 'colina de Ares' (do grego *Areios Pagos*), uma pequena elevação a noroeste da Acrópole. Embora seus poderes não fossem claramente definidos, e tivessem variado no curso dos séculos, incluíam tradicionalmente a condução da política externa e a guarda das leis. O 'discurso' de Milton, dirigido retoricamente ao Parlamento, moderno Areópago, não era uma oração, mas um panfleto. E foi sob essa forma que teve larga distribuição no Reino. Quanto ao título, é o de um 'discurso' dirigido ao verdadeiro Areópago por Isócrates, em 354 ou 355 a.C.

2. A rigor, em defesa da liberdade de impressão — e expressão — e contra a censura, tão severa na Inglaterra de Carlos I Stuart (*regnabat* 1625-1649) quanto ao tempo dos Tudor. Dez anos apenas antes da Areopagítica, o panfletário puritano William Prynne teve as orelhas parcialmente decepadas pela publicação de *Histrio Mastix: The Players Scourge, or Actors Tragoedie.* A obra, de repúdio a *The Sheferd's Paradise*, de Walter Montague, foi tida como um ataque velado à rainha francesa e católica, Henrietta Maria, e seu imoderado amor do teatro.

3. O elogio é simples formalidade: Milton já fizera mais de uma vez a louvação do Parlamento, por exemplo, durante a longa controvérsia sobre o papel do erudito Martin Bucer, que se convertera de dominicano a protestante reformado e fora, por vontade própria, mediador entre Lutero e Zwinglio na questão da presença real de Cristo no pão e no vinho consagrados.

4. O encômio (do latim *encomium*, do grego *panegyrikós*) era, originariamente, um canto coral de louvor aos heróis olímpicos, de rigor na procissão de encerramento dos jogos, ou *kómos*. Passou a ser um elogio formal em prosa ou verso. A mais influente das obras de Erasmo de Rotterdam é o *Moriae Encomium* (1509; *Elogio da Loucura*), um encômio satírico. O autor do panegírico insatisfatório a que Milton se refere é o bispo Joseph Hall (1574-1656), dito o 'Sêneca inglês', seu adversário na querela de 1642 entre puritanos e anglicanos.

5. A Jutlândia (do dinamarquês *Jylland*) é a antiga Cimbrica (ou Chersonesus), península do norte da Europa. Ocupada pelos jutos, povo germânico, constitui hoje a parte continental da Dinamarca.

6. Isócrates, cf. nota 1.

7. Milton se refere aos membros da Eclésia (do grego *Ekklesia*), que era a assembléia do povo. Tinha funções legislativas e judiciais, elegia os magistrados não escolhidos por sorteio, e nomeava os mandantes militares ou estrategos (do grego *Strategoí*).

8. Milton emprega a grafia grega *demokratía*, de *demos*, 'povo', e *kratía*, de *krátos*, 'força' e *kratéin*, 'governar'.

9. Dion Crisóstomos (do grego *Dio Khrysóstomos*, 'lábios de ouro') (c.40 d.C.-c.112) era natural de Prusa (Brusa), na Bitínia, cidade famosa na Antigüidade pela excelência da sua seda. Donde *Dion Prusaeus*.

10. Milton não tinha certeza se o seu gênio poderia florescer na latitude em que se encontra a Inglaterra, por causa do clima frio. Considerava que o clima da Grécia, por exemplo, era mais propício para a sabedoria. Há referência a essa idéia no livro II de *Reason of Church Government* e no poema *Paradise Lost* (IX, 41-47).

11. Ou seja, restrições relativas à Quaresma, tempo de penitência; e ao casamento (para a Igreja, 'sacramento do matrimônio'). Milton simpatizava com uma forma leiga de união, como o atual casamento civil. (Cf. *Considerations Touching the Likliest Means to Remove Hirelings Out of the Church* (1659); *Considerações Sobre os Meios Mais Expeditos de Remover Mercenários da Igreja*).

12. O episódio faz parte da história de Jasão: convencido por Medéia, Jasão semeou os dentes de dragão e deles brotaram homens armados. Há referência ao dragão nas *Metamorfoses*, de Ovídio (VII, v.121s).

13. Milton pensava que o mundo antigo havia sido perdido com a queda do Império Romano, e que pouco havia sido recuperado desde então. Seguindo o raciocínio, a Europa poderia esperar o pior.

14. O sofista Protágoras de Abdera (c.485 a.C.-c.410) que ensinava ser o homem "a medida de todas as coisas", empresta seu nome a um dos diálogos de Platão. Foi expulso de Atenas em 415 a.C.

15. A Comédia Antiga é representada por Cratino, Eupólis e Aristófanes.

16. Cf. Cícero, *De Natura Deorum* (I, 23).

17. Epicuro de Samos (do grego *Epikouros*) (341 a.C.-270) não era 'epicurista' no sentido moderno do termo. Pregava que, alcançada a virtude, o sábio pode desfrutar uma vida simples, de prazeres prudentes, moderados. Cf. a defesa que dele faz Lorenzo Valla (1407-1457) em *De Voluptate* (*Do Prazer*).

18. Arístipo de Cirene (do grego *Aristippos*) foi o fundador da escola Cínica.

19. Trata-se de Dionísio II, por duas vezes tirano de Siracusa (367-356 e 354-343 a.C.). Díon, cunhado do Rei e antigo ministro, convenceu Platão a voltar para Siracusa, na tentativa de fazer do jovem príncipe um filósofo. O esforço malogrou-se, e ambos foram demitidos em 356 a.C.

20. Do grego *Lakedaimon.* É a mesma Esparta (do grego *Sparte*), capital da Lacônia, no Peloponeso.

21. Figura um tanto lendária, Tales teria composto estimáveis cantos para as festas oficiais, e introduzido formas cretenses na literatura grega. Talvez tenha vivido no séc. VII a.C.

22. Apotegmas são aforismos, ditos lapidares na sua brevidade; e também, de certo modo, desabridos, se bem que não grosseiros. 'Lacônico' ou 'lacônio' quer dizer 'conciso' 'sucinto', 'resumido', como do gosto dos lacônios (ou lacedemônios).

23. Arquíloco de Paros viveu por volta do séc. VII a. C.

24. O *Collegium pontificum* tinha *flâmines* (sacerdotes graduados) mas não *augurs* (advinhos, vaticinadores), subordinados que estes eram a colégio próprio.

25. A embaixada ateniense era constituída pelo filósofo Carneades de Cirene (214 a.C.-129), que defendeu Arcesilaos de Pitane contra epicuristas e estóicos, dizendo que ele obrara bem "suspendendo o julga-

mento" (como Descartes faria); por Critolaos, da escola aristotélica ou peripatética; e por Diógenes de Sínope.

26. Trata-se de Catão o Antigo, Marcus Portius Cato (234 a.C. - 149).

27. Cipião o Africano, Publius Cornelius Scipio Africanus, general e estadista (236? a.C. - 183).

28. Névio (do latim Gaius Naeveius) (c.270 a.C. - c. 199, 202 ou 204), autor de comédias e tragédias, criou a chamada *fabula praetexta* sobre temas históricos e mitológicos de Roma, como *Romulus* ou *Clastidium*; e a *fabula palliata*, imitação ou adaptação de modelos gregos. Em *Bellum Poenicum* antecipou-se à *Eneida* de Virgílio, apresentando os amores de Enéias e Dido como causa das guerras com Cartago. Plauto e Menandro são por demais conhecidos. Filemon de Siracusa (368 c. C. - 264) poetou em Atenas e Alexandria como expoente da Comédia Nova Ática. Mais de sessenta de suas obras sobrevivem em fragmentos ou inspiraram versões latinas. *Mercator* (*O Mercador*), *Trinummus* (*Os Três Vinténs*) e, talvez, *Mostellaria* (*O Fantasma*), todas de Plauto, são refundições de peças de Filemon; e *Aulularia* (*O Pote de ouro*), *Stichus* (nome próprio, de um dos personagens) e *Cistellaria* (*O Escrínio*) são adaptações de Menandro.

29. Em Tácito, *Anais* (115-117).

30. Titus Lucretius Carus, o autor de *De Rerum Natura*, viveu por volta do séc. I a.C.).

31. Mêmio (Lucius Gaius Memmius Gemellus), genro de Sulla, foi pretor em 58 a.C. e governador da Bitínia em 57. Poeta bissexto e mecenas, levou em sua companhia, quando viajou para assumir o posto, Catulo (Gaius Valerius Catullus) e Hélvio Cina, um dos 'novos poetas' (Cina morreria assassinado em 44 a.C., nos tumultos que se seguiram à morte de Júlio César, confundido com o conjurado do mesmo nome). Mêmio é o único contemporâneo citado por Lucrécio, que lhe dedicou seu livro.

32. A crítica moderna não confirma que Cícero tenha editado Lucrécio.

33. Lucílio (Gaius Lucilus) (c.180 a.C.-103 ou 102) foi o criador da sátira política. Tendo servido com Cipião Emiliano na Espanha, entrou para o seu grupo em Roma. Marcus Verrius Flaccus, preceptor dos netos de Augusto, foi autor de doutas *Efemérides* (*Fasti*).

34. Quanto a Lívio (50 a.C. - 17 d.C.), não perdeu seu valimento apesar da simpatia expressa pela pessoa de Pompeu e também pelas idéias republicanas, transparentes em outros passos da sua obra.

35. Pompeu (Gnaeus Pompeius Magnus, i.e., 'o Grande') (106 a.C. - 48), embora sem o gênio de Júlio César, foi um dos maiores romanos do seu tempo. Bom administrador e general competente, era inepto como político. Malsinado por Salústio, elogiado por Plutarco, teve de Cícero tratamento ambíguo: louvado nos discursos e criticado nas cartas. Mas Cícero acabou formando com ele (embora não tivesse estado presente em Farsália). César o perdoou, com sua consumada clemência.

36. 'Naso' é Ovídio (Publius Ovidius Naso) (43 a.C. - 17 d.C.). O episódio de seu banimento é, até hoje, obscuro. O crime, dito de alta traição (*majestas*), foi julgado no tribunal privado do Imperador, e o próprio Augusto atuou como juiz. Ovídio não perdeu a cidadania romana nem se viu privado dos seus bens. Pôde continuar a escrever. Porém, seus livros foram retirados das bibliotecas públicas, e ele foi exilado. Morreria na Romênia sem ter jamais voltado a Roma.

37. É apropriado dizer Império Romano do Ocidente e Império Romano do Oriente. Não existiu, porém, Império Romano. No seu fastígio, sob Augusto e seus sucessores, o que havia era 'Roma'.

38. Porfírio (233 d.C.-c. 301), e Proclo (c. 410-485) foram, ambos, neoplatônicos.

39. De importância fundamental para a história da Igreja, por haver estruturado a Contra-Reforma (suas decisões vigorariam até o *aggiornamento* do Vaticano II), o Concílio de Trento durou, com intervalos, de 1545 a 1563. O 'Padre Paolo' de Milton é o *scholar* e teólogo veneziano Paolo Sarpi (1552-1623). Natural de Veneza, entrou para a Ordem dos Servitas, em que era conhecido por sua modéstia e bons modos, como *La Sposa* (a Noiva). Principal adversário do Papa Paulo V, argumentava com perfeita lógica que os poderes do 'sucessor de Pedro' não deviam exceder os do Apóstolo; e que a infalibilidade prometida por Cristo ao pastor de suas ovelhas só existia em matéria de doutrina. Pregou, ademais, a separação da Igreja e do Estado. Acabou excomungado, e sua *Istoria del Concilio Tridentino* (1619; *História do Concílio de Trento*), publicada em Londres sob pseudônimo (Pietro Soave Polano), foi posta no *Index Librorum Prohibitorum.* Sarpi defendeu Galileu, que vinha de ser condenado pelo Santo Ofício. "Dia virá," escreveu, "em que homens mais versados do que nós em tais matérias irão deplorar... a injustiça praticada contra tão grande homem." Em 1638, quando Milton, então com 29 anos, ganhou do pai uma viagem pela Europa, visitou Galileu em sua pequena propriedade de Arcetri, perto de Florença, o sábio, já cego e septuagenário, vivia em prisão domiciliar.

40. Dizer 'Papas de Roma' é hoje tão absurdo quanto dizer 'faraós do Egito' ou 'Dalai-Lamas do Tibete'— de vez que não há outros. Mas a expressão era, ao tempo de Milton, uma fórmula derrogatória, usada pelos protestantes. Fazia sentido no século XIV quando houve sete 'Papas de Avignon'.

41. John Wylcliffe (c.1330-1384), um dos precursores da Reforma na Inglaterra, foi teólogo eminente. Predestinarianista, ele acreditava numa Igreja 'invisível', dos eleitos, superior à Igreja 'visível', de Roma; e condenava a doutrina da transubstanciação. Ocupado com uma notável tradução da Bíblia, não se pode dizer que suas idéias tivessem influenciado a revolta camponesa de 1381, mas não há dúvida que ele fizera a opção preferencial pelos pobres e simpatizava com eles. Seus escritos foram condenados em 1382, seus partidários capitularam, e ele morreu, vítima de dois derrames cerebrais sucessivos.

42. Jan Hus (1372 ou 73-1415), reformado tcheco, foi um dos precursores (e mártires) da Reforma. Professor, depois Reitor, da Universidade de Praga, Hus reconheceu o Papa Alexandre V, eleito pelo concílio de Pisa (1409), mas como o Arcebispo de Praga continuasse fiel a Gregório XII, ele foi proibido de pregar e, em seguida, excomungado. Quando o Antipapa João XXIII lançou a cruzada contra o Rei de Nápoles e uma venda de indulgências para financiá-la, Hus denunciou o absurdo e foi excomungado pela segunda vez. Publicou, então, sua obra *De Ecclesia* (1412; *Sobre a Igreja*). Citado perante o Concílio de Constanza, compareceu fiado num salvo-conduto do Imperador Sigismundo. Mas foi preso, sentenciado, e queimado na fogueira (tudo no mesmo dia, 6 de agosto de 1415).

43. Davanzati Bostichi é o autor de um *Scisma d'Inghilterra*, editado em Florença (1638).

44. Nota à margem da edição *princeps* de 1644: "*Quo veniam daret flatum crepitumque ventris in convivio emittendi.*" A frase é de Suetônio: "Permitindo o privilégio de emitir flatos, silenciosamente ou ruidosamente, em jantares." Refere-se a uma lei de Cláudio ao saber que um homem arriscou sua saúde por educação. *Divus Claudius,* XXXII.

45. São os endereços do Arcebispo de Canterbury e do Bispo de Londres.

46. Ciumenta de Júpiter, Juno espionava suas amantes e espreitava o nascimento dos filhos que concebiam. Por isso os antigos fizeram dela a protetora dos partos. E, no entanto, as mulheres grávidas a temiam: cruzando simplesmente as pernas, Juno podia retardar o nascimento de um bebê.

47. Radamântis e seu irmão Minos, filhos de Zeus e de Europa, eram, com Aiacos, os juízes dos mortos.

48. Ou seja, a Ordem dos Frades Menores (OFM): os Franciscanos.

49. Raimundus Lullius, alquimista do século XIII (como Roger Bacon e Arnaud de Villeneuve), afirmava ter feito ouro depois de manipular grande quantidade de metais. No século XVI, seu colega Alexander Seton, da Escócia, que se gabava da mesma proeza, foi torturado até à morte para revelar sua fórmula.

50. É a inversão da injunção evangélica de não julgar a árvore pelo fruto podre.

51. São eles: "Pois não somos nós também da sua raça?" (At 17, 28), de Áratos, grego da Cilícia, in *Fenômenos*; "Os cretenses são sempre mentirosos, animais ferozes, comilões vadios." (1, 12), de Epimênides de Creta; e "As más companhias corrompem os bons costumes" (1 Cor 15,33), máxima de sabedoria popular, cuja origem se atribui a Menandro, mas também a Eurípedes.

52. Apollinaris Pai e Filho. Proibidos pelo Imperador de ensinar os clássicos, os dois glosaram as Escrituras como diálogos platônicos ou poemas de Homero. O Filho (c.310-c.390) é responsável pela heresia que tomou seu nome (apolinarismo) sobre a natureza mais humana que divina do Cristo. Foi excomungado duas vezes.

53. *As sete ciências liberais:* o *Trivium* (gramática, dialética e retórica) e o *Quadrivium* (música, aritmética, geometria e astronomia).

54. Sócrates Escolástico (c. 380-c.450), autor de eruditas crônicas (*Historia ecclesiastica*) da história da Igreja nos primeiros tempos de sua vida oficial, depois de Constantino.

55. Décio (Gaius Messius Quintus Trajanus) (*imperabat* 249-251) foi responsável pela primeira perseguição aos cristãos. Diocleciano (Gaius Aurelius Valerius Diocletianus) (*imperabat* 284-305), pela última (303).

56. No seu relato à Julia Eustochion (epístola XXVII, "Sobre a Virgindade"), São Jerônimo diz ter sido flagelado por um 'anjo'. Milton, acompanhando Paolo Scarpi, identifica o flagelador como o Demônio.

57. São Basílio, o Grande (c. 330-379), bispo e doutor, nasceu e morreu em Cesaréia da Capadócia. Tem a mesma importância para o monas-

ticismo na Igreja Ortodoxa quanto São Bento na Igreja do Ocidente. Conhecia bem a cultura pagã, que estudou em Atenas, na mocidade. O nome da obra citada vem de *margos* (em grego, 'tolo'). A atribuição a Homero, feita por Aristóteles entre outros, não é pacífica. Milton comete um erro de fato: *Margites* não é mencionada expressamente por Basílio.

58. O poema combina, com grande efeito, o espírito florentino, alegre e irreverente, com material francês de cavalaria. Seu autor é o renascentista Luigi Pulci (1432-1484), poeta do *entourage* de Lourenço de Médici e, depois, de Roberto Sanseverino.

59. Eusébio (265-340) foi bispo de Cesaréia.

60. *Dionysius Alexandrinus*, dito pela posteridade Dionísio o Grande (200-265), bispo de Alexandria.

61. Primeira Epístola de S. Paulo aos Tessalônios 5, 21.

62. Idem, ibidem, 1, 15.

63. "Pedro, então, expôs-lhes toda a questão em ordem: Eu estava, disse ele, em oração na cidade de Jope, quando, em êxtase, tive uma visão: do céu descia um objeto, semelhante a uma grande toalha que baixava, sustentada pelas quatro pontas, e veio até mim. Eu a contemplava e vi dentro os quadrúpedes da terra, os animais selvagens, os répteis, assim como as aves do céu. Ouvi, então, uma voz me dizer: 'Levanta-te, Pedro, imola e come'. Eu respondi: 'De modo nenhum, Senhor! Porque nada de profano nem de impuro jamais entrou em minha boca!' Pela segunda vez a voz replicou do céu: 'O que Deus purificou não o chames profano'. Isso repetiu-se por três vezes, e depois tudo foi novamente recolhido ao céu." (At 11, 4-10)

64. John Selden (1584-1654), antiquário, especialista em pesquisa histórica, tabelião, tomou partido pelos Comuns contra Carlos I, mas dedicou ao soberano o livro que publicou (1635) com o título de *Mare Clausum*, como refutação ao *Mare Liberum*, de Hugo Grotius (1609).

65. Antiga medida hebraica de capacidade, correspondente, *grosso modo*, a dois litros e um quarto ou a 1/10 de *ephah*, que é outra medida de capacidade, de origem egípcia. No deserto, o povo já murmurava contra Deus quando Ele lhes mandou comida. "Iahweh falou a Moisés dizendo: 'Eu ouvi as murmurações dos filhos de Israel. Dize-lhes: Ao

crepúsculo da tarde, comereis carne, e pela manhã vos fartareis de pão, e sabereis que eu sou Iahweh, vosso Deus.' À tarde, subiram codornizes e cobriram o acampamento; e pela manhã havia uma camada de orvalho ao redor do acampamento. Quando se evaporou a camada de orvalho que caíra, apareceu na superfície do deserto uma coisa miúda, granulosa, fina como a geada sobre a terra. Tendo visto isso, os filhos de Israel disseram entre si: 'Que é isso?' Pois não sabiam o que era. Disse-lhes Moisés: 'Isto é o pão que Iahweh vos dará para vosso alimento. Eis que Iahweh vos ordena: Cada um colha dele quanto baste para comer, um gomor [o 'omer' de Milton] por pessoa. Cada um tomará segundo o número de pessoas que se acham na sua tenda.' E assim foi feito", (Ex 16, 11-16). Diz ainda a Bíblia: "Era [o maná] como a semente de coentro, branco; e o seu sabor, como bolo de mel." (Ex 16, 31). Diz ainda a Bíblia: "Os filhos de Israel comeram maná durante quarenta anos, até chegarem à terra habitada; comeram maná até chegarem aos confins do país de Canaã." (Ex 16, 35).

66. "Em seguida, chamando de novo para junto de si a multidão, disse-lhes: 'Ouvi-me todos, e entendei! Nada há no exterior do homem que, penetrando nele, o possa tornar impuro; mas o que sai do homem, isso é o que o torna impuro. Se alguém tem ouvidos para ouvir, ouça.' E quando, ao deixar a multidão, entrou numa casa, seus discípulos o interrogaram sobre a parábola. E ele disse: 'Então, nem vós tendes inteligência? Não entendeis que tudo o que vem de fora, entrando no homem, não pode torná-lo impuro, porque nada disso entra no coração, mas no ventre, e vai para a fossa?' (Assim ele declarava puros todos os alimentos.) Ele disse: 'O que sai do homem, é isso que o torna impuro. Com efeito, é de dentro, do coração dos homens que saem as intenções malignas: prostituições, roubos, assassínios, adultérios, ambições desmedidas, maldades, malícia, devassidão, inveja, difamação, arrogância, insensatez. Todas essas coisas más saem de dentro do homem, e são elas que o tornam impuro.'" (Mc 7, 14-23)

67. "Um último aviso, filho meu: fazer livros é um trabalho sem fim; e muito estudo desgasta o corpo." (Ec 12,12). O texto é atribuído a 'Coélet, filho de David, Rei em Jerusalém', i.e., a Salomão.

68. "Grande número dos que se haviam dado à magia amontoavam os seus livros e lhes deitavam fogo em presença de todos. E estimaram o valor deles em cinqüenta mil peças de prata." (At 19, 19).

69. Os amores proibidos de Cupido e Psiquê são o tema de um dos contos das *Metamorfoses*, ou *Asno de Ouro*, de Apuleio (séc. II d.C.). Tendo caído nas mãos de Vênus, mãe de Cupido, Psiquê é obrigada a desincumbir-se de uma série de tarefas difíceis, como essa dos grãos que cumpria separar. Mas a história tem final feliz: algumas formigas ajudam Psiquê, Cupido resgata a moça e casa com ela, que Júpiter fez imortal.

70. O poeta Edmund Spenser (1552/53-1599), contemporâneo de Shakespeare, era tido geralmente em vida, e não só por Milton, como o maior dos poetas do Reino. Gozou da proteção de Sir Walter Raleigh e do favor da rainha, que lhe deu uma pensão. Teve a maior importância no advento da Renascença nas ilhas e sua invenção da *stanza* de nove versos, dita *stanza* spenseriana, forma criada para seu poema alegórico *The Faerie Queen*, teria duradoura influência.

71. John Duns Scotus (1265-1308), famoso professor de Colônia, cujo segundo nome adquiriu a injusta conotação de estúpido. Não confundi-lo com Johannes Scotus Erigena, do século IX.

72. *Faerie Queene*, II

73. *Keri*, termo técnico massorético. Massorá, do hebraico *massorat*, é o conjunto dos comentários feitos sobre a Bíblia por religiosos judaicos.

74. Como os judeus estavam proibidos de pronunciar o tetragrama, ou seja, as quatro letras hebraicas YHWH do nome de Deus (Yahweh), o textual, (ou *chetiv*) era substituído pelo marginal (ou *keri*). *Adonai* (hebraico para 'Senhor'). A palavra Jehovah é o resultado da superposição das vogais de Adonai às consoantes YHWH.

75. S. Clemente de Alexandria (Titus Flavius Clemens) (150-211/215) promoveu com êxito a aproximação do cristianismo com a cultura clássica e a filosofia grega. Escreveu *Protreptikós* (*Exortação*), *Paidagogos* (*O Instrutor*), e *Stromateis* (*Miscelânea*).

76. Trata-se do mesmo Eusébio a que se refere a nota n. 59.

77. Santo Irineu (do latim Irenaeus) (120/140-200/203), nascido na Ásia Menor, morreu como bispo de Lyon (Lugdunum). Em Esmirna conheceu Policarpo, que conhecera, em Patmos, S. João Evangelista. Foi o principal teólogo de séc. II, igualmente acatado no Oriente e no Ocidente. Santo Epifânio (c. 315-403) viveu em Chipre e sua obra principal é o *Panarium*. São Jerônimo (c. 340-420) foi conselheiro

das romanas Paula e Eustoquion, que o acompanharam à Terra Santa, e se radicou em Belém. É o autor da tradução das Escrituras conhecida como *Vulgata*.

78. Titus Petronius Niger, *Arbiter elegantiae* (*elegantiarum*) ou, simplesmente, *Petronius Arbiter* (morto em 65 d.C.). Favorito de Nero, autor (provável) do *Satyricon*, é personagem de Tácito (*Anais*, XVI, 18) e de Sienkiewicz.

79. Pietro Aretino (1492-1556), amigo de Ticiano e de Francisco I da França, ficou justamente conhecido como o 'flagelo dos príncipes' (*flagello dei principi*).

80. Referência a Sir Francis Brian (ou Bryan), morto em 1550. Primo de Ana Bolena, ele foi acusado de cometer adultério com ela e com sua mãe.

81. A história do eunuco etíope vem narrada nos *Atos dos Apóstolos* 6, 28-31: "Ia voltando, sentado no seu coche e lendo o profeta Isaías. Disse então o espírito a Filipe: 'Avança e apanha aquele carro! Filipe correu e viu que o eunuco lia Isaías. Perguntou: 'Compreendes o que lês?' 'Como poderia?', disse o outro, 'se não há quem m'o explique'?"

82. Os eruditos da Sorbonne, a grande escola teológica de Paris, fundada em 1252 por Robert de Sorbon, confessor e chapelão de Luís IX.

83. Professor em Leiden, Jacobus Arminius (1560-1609), o grande teólogo da Igreja Reformada dos Países Baixos (nome verdadeiro: Jacob Harmensen ou Jacob Hermansz), defendeu e depois combateu a doutrina calvinista da predestinação.

84. Era, como se sabe, num bosque das cercanias de Atenas, plantado de oliveiras, que Platão ensinava.

85. Sofron de Siracusa (c. 430 a.C.), admirado por Platão, era autor muito popular de mimos, todos, infelizmente, perdidos: deles só restam fragmentos.

86. Dos modos usados na Grécia antiga, Platão aprovava o nacional, dórico. Dos principais modos estrangeiros o lídio (lento), o frígio (impetuoso), e o jônico, ele aceitava o frígio. A música dórica é de estilo militar, contrastando com o suave modo lídio e o agitado frígio.

87. A Arcádia, no Peloponeso, terra natal do próprio Zeus, sempre representou na literatura, desde a Antigüidade clássica, um ideal de vida fru-

gal e campestre, com pastores e pastoras idealizados. Até os poetas da escola mineira do séc. XVIII se diziam 'árcades'. Quando Milton refere-se à Arcádia, pensa em dois famosos exemplos do Renascimento: o romance pastoral *Arcadia*, de Jacopo Sannazzaro (1456-1580), de 1501; e o de sir Philip Sidney (1554-1586), *L'Arcadia*, de 1580. Quanto a Montemayor, trata-se de Jorge de Montemayor ou Montemor (1520?-1561?), poeta português que acompanhou à Espanha a infanta D. Maria quando ela foi casar-se (em 1543) com Filipe II.

88. *A Utopia*, de Sir Thomas More, é de 1516. Situa o Estado ideal numa ilha do Novo Mundo. *La Città del Sole* (1623; *A Cidade do Sol*), de Tommaso Campanella, escrita nas masmorras da Inquisição, é mais radical: seu Estado 'utópico' é socialista; e a propriedade privada, inexistente. O romance filosófico inacabado de Sir Francis Bacon, *New Atlantis*, de publicação póstuma, só veio a lume em 1626, como parte da obra *Sylva Sylvarum* (*Floresta das Florestas*), mas foi escrito em 1624. Mais uma vez, a 'utopia' fica numa ilha, agora do Pacífico Sul, e dispõe de um conjunto de invenções digno de Júlio Verne.

89. O *Mercurius Aulicus*, virulento semanário monarquista, publicado de 1642 a 1645.

90. O Concílio de Trento (1545-1563), de que saiu a Contra-Reforma. Sevilha foi a sede da Inquisição espanhola, fundada por uma bula de Sisto IV (1478).

91. É, de novo, uma expressão latina: *Oleum perdidi* (gastei em vão o azeite [da lâmpada]). Milton diz *Palladian oyl*, o 'óleo de Palas', referindo-se a Palas Atena, Deusa da sabedoria. *Operam et oleum perdere* era uma frase latina comum. A oliveira era devotada a Palas Atenas.

92. *In Advertisement Touching the Controversies of the Church of England* (1859; *Advertência Relativa às Controvérsias na Igreja da Inglaterra*), publicada em 1640 ou 41 como *A Wise and Moderate Discourse Concerning Church Affairs* (*Sábio e Moderado Discurso sobre Assuntos da Igreja*).

93. John Knox (1514-1572), reformador calvinista da Escócia, favorável, como Milton, à deposição dos reis.

94. Na opinião dos críticos, Milton se refere à *History of the Reformation of Religion Within the Realm of Scotland* (1570; *História da Reforma da Religião no Reino da Escócia*) ou a *Institutes of the Laws of England* (1644; *Digesto das Leis da Inglaterra*), em quatro volumes, obra póstuma de Sir Edward Coke (1552-1634).

95. "Não havia ferreiro em parte alguma da terra de Israel, porque os filisteus haviam dito: 'Importa impedir que os hebreus fabriquem espadas ou lanças.' Por isso, todo o Israel tinha de descer aos filisteus para amolar cada um a sua relha, a sua enxó, e a sua foice. O custo era dois terços de siclo pelas relhas e machados e de um terço de siclo para amolar as enxós e endireitar os aguilhões." (1Sm 13, 19-21).

96. No original, *enchiridion*, palavra de origem grega que, além de manual, também significa punhal, duplicidade de sentido de que se vale Milton.

97. Ou seja, sem a proteção de uma licença papista. O Castel Sant'Angelo, mausoléu do Imperador Adriano, foi convertido em fortaleza do Papa João XII no séc. X. Era ainda um castelo fortificado ao tempo de Milton.

98. O Parlamento inglês deixou de existir entre 1629 e 1640.

99. Refere-se a Cícero, o qual, eleito questor em 75 a.C., foi servir nessa capacidade na Sicília, onde, em 70 a.C., denunciou L. Gaius Verres por corrupção.

100. Os *Covenants* foram realizados pela Câmara dos Comuns em 1642 como forma de garantir harmonia nas decisões políticas, que envolviam ambas as Câmaras do Parlamento e o povo. As *Protestations* ocorreram em maio de 1641, quando foi descoberto um esquema que previa a intimidação do Parlamento pelo exército.

101. Lambeth Palace, residência do Arcebispo de Canterbury.

102. Milton escreve "*while Bishops were to be baited down*". Alude a um antigo e cruel esporte em que se açulavam cães contra um urso, que eles acuavam e molestavam até a morte. Chamava-se a isso *bear-baiting*.

103. Alusão a I Rs 17, 14: "Pois assim fala Iahweh, Deus de Israel: A vasilha de farinha não se esvaziará / e a jarra de azeite não acabará..."

104. Francis Bacon, Barão Verulam em 1618, recebeu esse novo título em 1621.

105. A escolástica distinguia entre *fides explicita* ('fé explícita'), que requer compreensão da doutrina e é a que se espera do alto Clero; e *fides implicita* ('fé implícita'), tácita, que se funda na autoridade da Igreja e é a fé do baixo Clero e do laicato.

106. Loreto, na Itália central, é afamado sítio de peregrinação desde a Idade Média. Ali se admira a casa da Sagrada Família, transportada por

anjos no século XIII, primeiro para a Dalmácia; de lá para um bosquete de loureiros, já na zona italiana do Adriático; e, finalmente, para a atual localização. As características do milagre fizeram com que Bento XV proclamasse a Madona de Loreto padroeira dos aviadores.

107. Cf. Mc 11,13: "No dia seguinte, quando saíam de Betânia, teve fome. Ao ver, à distância, uma figueira coberta de folhagem, foi ver se achava algum fruto."

108. Milton diz: "*certain Publicans that have the tunnaging and poundaging of all free spoken truth.*" A *tunnage* era uma taxa de 3 shillings cobrada por *tun* ('barril') de vinho importado; *poundage*, a taxa de 1 shilling que gravava toda e qualquer importação e exportação, exceto a de gêneros de primeira necessidade. A partir de Henrique V, os reis da Inglaterra tinham *tunnage* e *poundage* irrestritas e vitalícias, mas o Parlamento recusou esse privilégio a Carlos I, cedendo apenas em 1641, quando o soberano concordou em não exercer esses direitos sem o consentimento parlamentar.

109. *At his Hercules pillars in a warm benefice.* A expressão significa "ter atingido o ponto mais alto de suas expectativas." As colunas de Hércules representam o Estreito de Gibraltar, por muito tempo símbolo da fronteira oeste do mundo.

110. *An English concordance*, ou seja, uma tradução inglesa da Bíblia.

111. Catena é 'encadeamento', 'série'. No caso, de comentários de padres da Igreja sobre um mesmo tema da fé. Harmonia é a resolução de aparentes conflitos sobre a vida de Jesus.

112. Não existe e jamais existiu igreja de 'São Hugo' em Londres. Nascido em Avalon, na Borgonha, morto em 1200 ou 1220, o monge foi bispo de Lincoln, privou com Henrique II e Ricardo I, e era cultuado na capital pelos cartuxos. Junto do convento dessa ordem e defronte da igreja de São Tomás compravam-se sermões impressos.

113. Cf. João 18, 19.

114. A impressão esteve proibida na Turquia até o ano de 1831, quando foi editado um jornal do Governo.

115. Osíris, um dos mais importantes deuses do Egito antigo, foi, de fato, esquartejado e lançado ao Nilo por Seth. Mas Seth é identificado com Typho, Typhoeus ou Typhaon, o monstruoso filho de Gea (a terra) com o Tártaro, deus do reino dos mortos na mitologia greco-romana.

116. Milton se refere aos planetas mais próximos do sol.

117. Gnaeus Julius Agrícola, morto em 93 d.C., que governou a Britânia em 77/78. Era sogro de Tácito, que escreveu sua biografia (*Vita Julii Agricola*).

118. A Transilvânia era o coração da província romana da Dácia, de onde as legiões só se retiraram em 271 d.C.

119. *Hercynia Silva* ou *Hercynius Saltus* (segundo Plínio e Tácito), referiam-se às montanhas e florestas no sul e no centro da atual Alemanha.

120. *Scholar* de Oxford, John Wycliffe (c.1330-1384), um dos pioneiros da Reforma, foi teólogo eminente e promoveu uma brilhante tradução da Bíblia em inglês.

121 Havia diversas fortificações pela cidade de Londres. A ordem para a fortificação a que Milton alude foi aprovada pelo Parlamento em outubro de 1642.

122. Aníbal Barca, então com 26 anos, pôs cerco a Roma em 218 a.C., no curso da II Guerra Púnica. Milton diz 'regimento' por 'tropas'. Quando atravessou os Alpes para entrar na Itália, Aníbal tinha um exército de 40 mil homens. O episódio da compra das terras "sem qualquer redução de preço" está em Tito Lívio (livros 21 a 30 da sua *História de Roma*).

123. *Cote* é casaco ou, no caso, cota (de malha ou de couro). A primeira taxa militar a que se refere Milton havia sido restabelecida por Carlos I, dado o estado de falência do Reino; a segunda, considerada tirânica, e cobrada dos portos de mar, foi também restabelecida, sem autorização do Parlamento, pelo mesmo soberano. *Nobles* eram moedas de ouro já fora de uso e correspondentes a 6 shillings e 33 pence em prata *sterling. Dane gelt* (ou *danegel*), "dinheiro dinamarquês", era outra taxa, do século X, destinada a subornar dinamarqueses ou reunir fundos para combatê-los.

124. Robert Greville, segundo Barão Brooke, morto em 1643, e autor de um discurso pioneiro em defesa do liberalismo.

125. Os presbiterianos ingleses sonhavam então com uma Igreja oficial no modelo da calvinista, de Genebra.

126. Proteu, filho de Oceano e de Tétis, profetizava, mas só quando o constrangiam. Podia também assumir as formas que quisesse. Milton atribui esses poderes protéicos à verdade.

127. O episódio, em que Miquéias, filho de Jemla, é chamado a contragosto pelo Rei de Israel ("Há ainda um pelo qual se pode consultar Iahweh, mas eu o odeio, pois jamais profetiza o bem a meu respeito, mas sempre a desgraça.") vem narrado em I Reis 22.

128. São Paulo, Gl 5, 1.

129. São Paulo, Rm 14, 1-7.

130. São Mateus 13, 29-39.

131. São Paulo, Ef 4,3.

132. "Como uma pessoa de quem todos escondem o rosto." Isaías 53, 3 e seguintes.

133. Ou seja, o sínodo da Abadia de Westminster.

134. Trata-se da capela de São Estevão, no palácio erguido em Westminster, no coração de Londres, por Eduardo o Confessor (1042-1066). O primeiro encontro da Assembléia dos Divinos, à época de Milton, foi em julho de 1643.

135. Referência aos presbiterianos (do grego *presbiterós*, de idade avançada).

136. 'Esta última' é a Ordenação de 14 de junho de 1643; a anterior, Ordenação de 29 de janeiro de 1642.

137. Antigo tribunal inglês, de justiça civil e criminal, abolido em 1641. Funcionava sem júri e podia valer-se da tortura. Tirava o nome das estrelas douradas do teto da sala em que era sediado, em Westminster. Tornou-se sinônimo de qualquer investigação de zelo exagerado.

138. Milton usa deliberadamente a palavra *bind*, que significa "constranger", "fazer depender", mas também, em linguagem técnica, "encadernar" (livros).

139. Os livreiros independentes.

BIBLIOGRAFIA

BARKER, Arthur E. *Milton and the Puritan Dilemma – 1641-1660.* (Toronto: The University of Toronto Press, 1942).

BLASI, Vincent. "Milton's **Areopagitica** and The First Amendment", in *http://www.yale.edu/lawweb/lawschool/occpaper/blasi.htm*

BUSH, Douglas. *John Milton.*(London: Weidenfeld and Nicolson, 1965).

DOWLING, Paul M. *Polite Wisdom – Heathen Rhetoric in Milton's Areopagitica.* (London: Rowman & Littlefield, 1995).

FINK, Z.S. "The Development of Milton's Political Thought", in *Publications of the Modern Language Association of America,* LVII, 1942, p.705-736.

GEISST, Charles R. *The Political Thought of John Milton.* (London: The Macmillan Press, 1984).

HALLER, W. "Before Areopagitica", in *Publications of the Modern Language Association of America,* XLII, 1927, p.875-900.

HANFORD, James Holly. *A Milton Handbook.* (London: G.Bell and Sons, 1927).

ILLO, John. "*Areopagiticas* Mythic and Real", in *Prose Studies* 11 (May 1994), p.3-23.

ISOCRATES. *Volume II.* (London: Harvard University Press, 1992). "Loeb Classical Library". Tradução para o inglês de George Norlin.

KENDALL, W. "How to Read Milton's Areopagitica", in *Journal of Politics,* XXII, 1960, p.439-473.

LE COMTE, Edward. "*Areopagiticas* as Scenario for *Paradise Lost*", in *Achievements of the Left Hand.* (Ed. Michael Lieb e John Shawcross). (Amherst: University of Massachusetts Press, 1974), p.121-141.

MILTON, John. *Areopagitica.* (London: Oxford University Press, 1961). Introdução e notas de John W. Hales.

NORBROOK, David. "*Areopagitica,* Censorship and the Early Modern Public Sphere", in *The Administration of Aesthetics.* (Ed. Richard Burt). (Minneapolis: University of Minnesota Press, 1994), p.3-33.

PATTERSON, Annabel (Ed.). *John Milton.* (London: Longman, 1992).

RICE, Warner. "A Note on Areopagitica", in *Journal of English and Germanic Philology,* XL, 1941, p.474-484.

STAVELY, Keith W. *The Politics of Milton's Prose Style* (London: Yale University Press, 1975).

TILLYARD, E.M.W. *Milton.* (London: Chatto & Windus, 1930).

WHITAKER, Juanita. "The Wars of Truth: Wisdom and Strength in *Areopagitica*", in *Milton Studies 9* (1986), p.185-201.

WILDING, Michael. "Milton's *Areopagitica*: Liberty for the Sects", in *Prose Studies 9* (1986), p. 7-38.

WOLFE, Don M. *Milton in the Puritan Revolution.* (London: Cohen & West, 1963).

ZAGORIN, Perez. *Milton — Aristocrat & Rebel.* (New York: D.S. Brewer, 1992)

Impressão e Acabamento
HAMBURG GRÁFICA EDITORA
Rua Epiacaba, 90 - V. Arapuá
04257-170 - São Paulo - SP
Fone (011) *6946-0233
Telefax (011) 6948-1555
E-mail: hamburg@uol.com.br
com filmes fornecidos pelo editor